# 爱并幸福着
## ——班主任工作杂谈

AI BING XINGFUZHE
BANZHUREN GONGZUO ZATAN

卢国峰／著

东北师范大学出版社
·长春·

**图书在版编目（CIP）数据**

爱并幸福着：班主任工作杂谈 / 卢国峰著.
长春：东北师范大学出版社，2025.4. -- ISBN 978-7
-5771-2434-6

Ⅰ.G635.16

中国国家版本馆 CIP 数据核字第 2025V9P482 号

□策划编辑：陈国良
□责任编辑：李晓影　　□封面设计：张　然
□责任校对：刘晓军　　□责任印制：侯建军

东北师范大学出版社出版发行
长春净月经济开发区金宝街 118 号（邮政编码：130117）
电话：0431—84568147
网址：http：//www.nenup.com
东北师范大学音像出版社制版
吉林市海阔工贸有限公司印装
吉林市恒山西路花园小区 6 号楼（邮政编码：132013）
2025 年 5 月第 1 版　　2025 年 6 月第 2 次印刷
幅面尺寸：170mm×240mm　　印张：8.75　字数：134 千

定价：36.00 元

# 情牵教育路，笔落杂谈间

当我从刘校长手中接过那枚"班主任工作二十年"荣誉奖章时，2023年的教师节变得格外不同。奖章在阳光下闪烁着耀眼的光芒，它仿佛承载了我二十年班主任生涯的所有记忆，诉说着往昔岁月的点点滴滴。那一刻，我的心中五味杂陈，既有对过去辛勤付出的感慨，又有对未来教育之路的期望。

回首二十年的班主任工作经历，我常常陷入深深的思索：究竟要成为一个什么样的班主任呢？这个问题如同神秘的旋律，在我教育生涯的长河中不断回响。

西汉戴圣编纂的《礼记·学记》中的话语，宛如一盏古老而明亮的灯，照亮了我思考的方向。"夫然，故安其学而亲其师，乐其友而信其道，是以虽离师辅而不反也。"是啊，师生关系就像一把神奇的钥匙，它能开启学生内心深处对知识、对生活的热爱的大门。作为班主任，我们与学生朝夕相处，这种关系更加紧密而微妙。在一方小小的教室里，我们的一言一行、一举一动都如同涓涓细流，潜移默化地影响着学生。善待学生、用一颗真心去爱他们是构建良好师生关系的基石。这爱，不是简单的口头表达，而是在每一个清晨迎接他们时的微笑，是在他们犯错时的耐心引导，是在他们取得进步时的真诚鼓励，是在他们迷茫时的悉心陪伴。

列夫·托尔斯泰说："被人爱和爱别人是同样的幸福，而且一旦得到它，就够受用一辈子。"在二十多年的教育生涯中，我对这句话有了更为深刻的理解。教育，本就是一场爱的传递。当我把爱融入日常的教育教学中时，我发现教育不再是枯燥的知识灌输，而是充满温情与希望的心灵对话。我看到那些曾经调皮捣蛋的孩子在爱的滋润下变得懂事向上，那些内向自卑的孩子因为爱的鼓励而逐渐自信开朗。每一个孩子都是一颗独特的星星，他们在爱的天空下闪烁着属于自己的光芒。

我教过的学生中，有一个孩子家庭环境特殊，他总是沉默寡言，眼神里透着孤独和迷茫。起初，他对学习毫无兴趣，对周围的一切都抱着一种抵触的态度。我没有放弃他，而是用耐心和爱去接近他。每天我都尽量找时间和他聊聊天，话题从他喜欢的小动物开始，逐渐扩展到他的梦想、他对未来的期望。慢慢地，他开始向我敞开心扉，脸上也有了笑容。他的成绩逐渐提高，也变得积极向上。那一刻，我深切地感受到了爱的力量，它就像春风，吹绿了荒芜的心田，像暖阳，融化了冰冷的坚冰。

在二十年的班主任生涯中，我看着一届又一届的学生从青涩走向成熟，从懵懂走向睿智。每一个学生都是我教育旅程中的珍贵财富，他们的成长故事如同璀璨的星辰，镶嵌在我记忆的天空。

我想把这些故事、这些感悟都记录下来，于是便有了这本《爱并幸福着——班主任工作杂谈》。这里没有高深的理论，只有我与学生们相处的真实经历，那些充满欢笑与泪水、希望与感动的瞬间。我希望这本书能让更多的班主任感受到教育中的爱与幸福，也希望能给年轻的教师们一些启示，让他们在教育之路上怀着一颗爱心前行，在爱学生的同时收获属于自己的幸福。因为在这条充满爱的教育道路上，每一步都写满了幸福的注脚，每一段经历都是一首动人的诗篇。

卢国峰

2024 年 12 月 1 日

# 目 录
CONTENTS

**第一章 真心启扉——师者任途之初始 / 001**
 一、初入教坛，懵懂探索 / 001
  （一）赤诚入教坛，初心始扬帆 / 001
  （二）壮志担使命，热血启征程 / 002
  （三）懵懂迎挑战，信念引前行 / 003
 二、渐入角色，摸索前行 / 003
  （一）初涉班务事，用心察学情 / 003
  （二）浅探管理道，倾意解生忧 / 004
  （三）渐悟教育理，竭诚筑根基 / 006
 三、站稳脚跟，初尝甘苦 / 007
  （一）心怀教育梦，起步遇繁星 / 007
  （二）坚守育人志，开篇逢暖阳 / 009
  （三）情系班级事，初始嗅花香 / 010

**第二章 慧心润苗——师生和谐之乐曲 / 012**
 一、走近学生，倾听心声 / 012
  （一）慧语启心智，暖言化坚冰 / 012
  （二）灵思通幽处，妙意入心田 / 013
  （三）巧言解困惑，善语抚心灵 / 017
 二、建立信任，互动升温 / 018
  （一）耐心听童语，真心感生情 / 018

（二）悉心察生意，全心育桃李 / 020
　　（三）爱心融隔阂，诚心建信任 / 021
三、和谐共生，其乐融融 / 022
　　（一）和颜展师爱，悦色传关怀 / 022
　　（二）笑语盈教室，欢声满校园 / 026
　　（三）慈颜化春雨，善目润幼苗 / 028

**第三章　匠心治班——班级秩序之构建 / 030**
一、规划班级，规则初定 / 030
　　（一）精思立班规，妙想定班纪 / 030
　　（二）深谋班务事，远虑组班干 / 034
　　（三）巧计设班制，慧心营班风 / 035
二、执行纪律，秩序井然 / 038
　　（一）严规束言行，明纪正学风 / 038
　　（二）强制导秩序，善制促团结 / 039
　　（三）良规护班级，优纪保和谐 / 040
三、奖惩分明，公平公正 / 041
　　（一）公心评优劣，正心赏罚明 / 041
　　（二）平心待众生，直心处事公 / 043
　　（三）廉心守公正，洁心护班宁 / 044

**第四章　齐心家校——共育桥梁之搭建 / 046**
一、家校初联，信息互通 / 046
　　（一）诚心邀家长，真心话教育 / 046
　　（二）热心迎访客，全心述学情 / 047
　　（三）耐心解疑惑，齐心谋发展 / 048
二、深入合作，资源共享 / 049
　　（一）积极传理念，主动通信息 / 049
　　（二）踊跃搭桥梁，热情连家校 / 050
　　（三）努力创平台，齐心促共育 / 051

三、携手共进，共育新苗 / 052
    （一）家校同携手，师生共奋进 / 052
    （二）家校齐努力，学童倍受益 / 054
    （三）家校相配合，教育结硕果 / 055

## 第五章　仁心待异——特殊孩童之关怀 / 057

一、发现特殊，用心关注 / 057
    （一）细心察异况，精心识特需 / 057
    （二）专心寻根源，耐心探解法 / 058
    （三）慧心找亮点，仁心育潜能 / 060

二、制订计划，个别帮扶 / 062
    （一）爱心暖童心，善心抚幼情 / 062
    （二）慈心护弱苗，仁心助成长 / 063
    （三）真心消自卑，诚心建自信 / 065

三、挖掘潜能，助力成长 / 066
    （一）特殊需关注，个别要关心 / 066
    （二）差异应尊重，独特当包容 / 073
    （三）弱势多帮扶，异才善引导 / 073

## 第六章　虔心践理——环境育人之施行 / 077

一、领悟理念，准备践行 / 077
    （一）深悟教育理，笃行育人方 / 077
    （二）虔心崇理念，诚意化于行 / 078
    （三）真心信教育，实心践于途 / 078

二、打造环境，文化育人 / 079
    （一）文化润心灵，氛围育品德 / 079
    （二）环境塑品格，氛围陶性情 / 083
    （三）氛围启智慧，环境育素养 / 087

三、理念落地，全面渗透 / 090
    （一）理念融教学，思想渗课堂 / 090
    （二）哲理入活动，观念浸日常 / 091

（三）理想贯教育，信念植心田 / 095

### 第七章　清心自育——自身成长之求索 / 98

一、认识自我，寻找方向 / 98

（一）虚心求学识，静心修素养 / 98

（二）诚心探教育，专心研教法 / 100

（三）恒心追卓越，决心提能力 / 102

二、查漏补缺，自我提升 / 104

（一）内省查不足，反思求进步 / 104

（二）自查识短板，自纠谋发展 / 105

（三）自省悟得失，自励向未来 / 106

三、持续学习，不断进步 / 108

（一）阅读启智慧，学习拓视野 / 108

（二）培训增技能，交流长见识 / 110

（三）研讨寻突破，借鉴求创新 / 115

### 第八章　悦心盈福——教育硕果之品味 / 118

一、回顾历程，成果初现 / 118

（一）欣看桃李盛，喜见幼苗壮 / 118

（二）乐闻书声琅，悦赏学风浓 / 119

（三）欢察成长路，喜叹进步途 / 120

二、细数收获，满心欢喜 / 121

（一）成绩彰努力，成果显付出 / 121

（二）荣誉证汗水，收获映辛劳 / 123

（三）佳绩展智慧，硕果证爱心 / 124

三、感恩往昔，畅享幸福 / 125

（一）回味教育事，感恩育人途 / 125

（二）细品师生情，深悟教育恩 / 127

（三）畅享成长乐，沉醉幸福间 / 128

### 后　记 / 130

# 第一章 真心启扉——师者任途之初始

初入教育领域的我怀着一颗真挚的心叩开教育之门，在懵懂与壮志中开始探索前行的道路。这一阶段的摸索如同在黑暗中寻找曙光，每一次尝试都是成长的基石。然而，这仅仅是起点，就像一颗种子刚刚萌芽，它需要更多的滋养才能茁壮成长。这份滋养即将在与学生的互动中，以慧心润苗的方式奏响师生和谐的美妙乐章。

## 一、初入教坛，懵懂探索

### （一）赤诚入教坛，初心始扬帆

初入教坛的我怀揣着梦想的赤诚。我站在校园里，望着充满朝气的孩子，心中满是对未来教育生涯的憧憬。那时的我，年轻且充满活力，就像一艘刚刚起航的帆船，对前方的海域充满好奇与期待。

我还记得第一天走进教室的情景。阳光透过窗户洒在课桌上，孩子们的眼睛里闪烁着好奇与灵动。我紧张又兴奋地做着自我介绍，声音或许都微微颤抖。我告诉他们，我希望成为他们成长路上的引路人，不仅将知识传授给他们，还要与他们分享生活的美好。我的初心很简单，就是用自己的力量，在这些年轻的心灵里播下知识和爱的种子。

犹记得当时班上有一个男孩，他特别活泼好动，在我的第一堂课上就不停地做小动作。我并没有生气，而是在课后找他聊天。我问他为什么上课不能集中精力，他有些不好意思地说，他对新环境太兴奋了，而且觉得那些知识有点儿枯燥。我笑着告诉他，知识就像宝藏，每一个知识点都是一颗璀璨的宝石，只要我们用心去挖掘，就会发现无尽的乐趣。从那以后，我会在课堂上加入更多有趣的元素，用故事的形式讲解知识，他也逐渐被吸引，开始认真听讲。这是我初为人师的小小胜利，它让我更加坚定了自己的初心，那就是用爱和耐心去开启每一个孩子求知的大门。

（二）壮志担使命，热血启征程

怀着满腔的壮志，我开始承担班主任的工作。"师者，所以传道受业解惑也。"我深知，班主任绝非仅仅传授知识这般简单，还要塑造灵魂。如《论语》所云："其身正，不令而行；其身不正，虽令不从。"我需以自身之品德言行，为学生树立楷模。我要引导他们走向正确的道路，培养他们的品德和价值观。这是一份沉甸甸的责任，也是无上光荣的使命。我带着热血，如同执剑的勇士，要在孩子们成长的道路上披荆斩棘，为他们的心灵点亮明灯，让他们成为有道德、有良知、积极向上的人。

一次，学校组织志愿者活动，我们班的活动内容是去社区的养老院看望老人。我希望这个活动能让孩子们懂得关爱他人，学会感恩。在养老院里，孩子们为老人唱歌、跳舞、讲故事。我看到平时调皮的孩子也变得格外认真和温柔，他们用心去温暖那些老人。有一个女生，她平时很胆小内向，但在给老人读故事的时候，声音清脆而响亮。活动结束后，她对我说："老师，我觉得帮助别人是一件很快乐的事情。"那一刻，我感到无比欣慰，因为我知道，这次活动不仅是一次简单的社会实践，还在孩子们心中种下了爱的种子。我不失时机地问她："你声音很好听，表达能力也强，想不想当班级语文领读员？"她眼睛一亮，说："我试试。"于是，以后的语文课前就多了一个认真负责、声音洪亮的语文领读员。慢慢地，她也敢于在课堂上发言，表达自己的观点了。

在班主任工作中我也遇到了很多挑战。比如，如何协调不同孩子的性格，满足他们的需求，如何让每个孩子都能在活动中有所收获。我告诉自己，这就是我的使命，我要用热情和智慧克服这些困难。比如，我会在活动前认真地和每个孩子沟通，了解他们的想法，根据他们的性格安排任务。在这个过程中，我也在不断成长，我学会了如何更好地引导孩子，如何让他们在集体活动中发挥自己的优势。

（三）懵懂迎挑战，信念引前行

初次担任班主任，我也常常感到迷茫和无助。班级管理、学生的学习和心理问题等像一座座大山横在我面前。但我心中有一个坚定的信念，那就是爱可以战胜一切。

有一次，班级里两个男生因为一点儿小事发生了争执，甚至差点动手。我赶到的时候，看到的是他们涨红的脸和愤怒的眼神。我先让他们冷静下来，然后分别和他们谈话。原来，只是因为在课间玩游戏时，一方觉得另一方违反了规则。我告诉他们，友谊比游戏的输赢更重要，解决问题应该用和平的方式。我组织了一次班会，让大家讨论如何处理同学之间的矛盾。孩子们纷纷发言，提出了很多好的建议。从那以后，班级里的氛围变得更加和谐了。

班级总会有一些成绩有点糟糕的学生，如果任由其发展，他们可能会坐不住凳子。我挑选了几个成绩较好的同学，把他们分到各个小组担任小组长，在不影响他们自己学习的前提下，让他们抽时间考学习成绩较差的组员基础知识，让学习成绩较差的组员也尝到学习的甜头。有进步的学生就奖励一个小奖品。这个办法起到了一定的作用。在这些挑战面前，我相信只要真心对待每一个孩子，用爱去包容他们的缺点，用耐心去引导他们的成长，就一定能够克服困难，让这个班级充满爱和希望。这就是我初次担任班主任时的懵懂探索，虽然充满艰辛，但收获了无数的感动和成长。

## 二、渐入角色，摸索前行

（一）初涉班务事，用心察学情

初任班主任时，我心中满是紧张与期待。那是一个阳光洒满校园的开学季，我站在教室门口，望着一张张青涩而充满朝气的脸庞，深知自己肩负着重大的责任。

我接手的班级学生是一群刚从小学升入初中的孩子,他们带着懵懂与好奇踏入初中的校园。最初的班务事就像一团乱麻,需要我一点点梳理。我开始仔细地翻阅学生们的入学资料,试图从那些简单的文字中了解他们的家庭背景、学习成绩以及兴趣爱好。但我知道,这远远不够。

分班第一天,我就让每个学生写一篇介绍自己的文字。通过这些文字,我既能了解他们的书写,又能了解他们语文学习的水平及个人爱好等。这些资料也可以作为班干部竞选的资料。

为了更好地了解每一个学生,我还组织了一系列的班级活动。在一次操场拓展活动中,我看到了他们不同的一面。平时文静的女生在团队挑战中展现出了坚韧不拔的毅力,调皮的男生也学会了关心和照顾他人。通过这些活动,我看到了他们的潜力和个性,也更加明确了自己的教育方向。

有些学生对我的关心表现出抵触情绪,认为我是在窥探他们的隐私。有一次,我找一个学生谈话,询问他最近学习状态不好的原因,他却不耐烦地说:"老师,这是我自己的事,你不用管。"那一刻,我明白,建立信任需要时间。我没有生气,而是给他写了一封诚恳的信,告诉他我关心他是因为我希望他能变得更好。后来,他主动来找我,向我道歉,并敞开心扉说出了自己的烦恼。

用心去观察学情,就像在黑暗中寻找星星的光芒。每一个学生都是一颗独特的星星,有着自己的闪耀之处,也有着需要被照亮的角落。我深知,只有深入了解他们,才能在班主任的道路上迈出坚实的第一步。

(二)浅探管理道,倾意解生忧

随着对学生的了解逐渐深入,我开始探索班级管理的道路。初中学生正处于叛逆与成长的交织期,管理好一个班级并非易事。在这个阶段,学生的身心发展呈现出复杂的多样性,这让我想到了多元智能理论。根据这一理论,每个学生都具备多种智能,如语言智能、逻辑—数学智能、空间智能、身体—运动智能、音乐智能、人际智能、内省智能和自然观察智能等。在班级里，学生们这些智能的发展程度各不相同，这就要求我在管理班级时不能采用单一的标准和方法。

我深知，在这个叛逆与成长交织的时期，学生们不仅需要规则的约束，还需要理解和引导。我必须深入了解每个学生的多元智能发展状况，挖掘他们的优势智能，给予他们发挥的空间，同时要关注他们相对薄弱的智能领域，通过合适的方式帮助他们提升。这就像是在一座充满各种可能性的花园里，精心培育每一株独特的花朵，倾尽全力解决他们成长中的忧虑，让班级成为一个包容、积极向上的成长环境。

班级里有几个调皮捣蛋的学生，他们总是在课堂上违反纪律，影响其他同学学习。其中有个同学，他的父母工作很忙，对他的管教比较少。他在学校里就像一颗不定时炸弹，随时可能制造麻烦。有一次，他在课堂上与老师顶嘴，还把课本扔到了地上。得知此事后，我并没有立刻批评他，而是把他带到了办公室。我看着他涨红的脸，知道他此刻内心充满了愤怒和委屈。我轻声问他："你为什么这么生气?"他一开始不肯说话，在我的耐心引导下，终于说出了原因。原来，他觉得老师冤枉了他，他只是想给同学讲一件有趣的事情，并没有故意扰乱课堂秩序。我理解他想要表达自己的心情，也告诉他在课堂上有正确的表达方式。我给他讲了一个我小时候类似的经历，告诉他我当时是如何处理的。他听着听着，眼神中的敌意渐渐消失了。

为了让他能够更好地遵守纪律，我给他安排了一个特殊的任务——担任纪律委员的小助手。我告诉他，我相信他有能力帮助纪律委员管理好班级的纪律。他一开始有些惊讶，随后眼中闪过一丝兴奋。从那以后，他像变了一个人似的，不仅自己遵守纪律，还会提醒其他同学遵守纪律。

除了纪律管理，学生们的学习压力也是我关注的重点。有一个成绩优秀的女生，她对自己的要求非常高。每次考试只要没有达到自己的预期，就会陷入深深的自责。有一次期中考试后，她的成绩有所下滑，她在教室里默默地流泪。我把她带到校园的操场，告诉她："一次失败并不代表永远的失败。就像花园里的花朵，它们也不是每天都盛开得那么完美。"我给她讲了许多成功人士在挫折中成长的故事，鼓励她要正确看待失败。在我的开导下，她重新振作起来，调整了学习方法，成绩也逐渐提高。

在管理班级的过程中，我还注重培养学生的团队精神。我组织了班级足球赛，让学生们分成小组进行比赛。在比赛中，有的小组因为输球而互相埋怨，我及时地引导他们，告诉他们团队的意义在于相互支持和鼓励。通过这样的活动，学生们的团队意识得到了增强，班级的凝聚力也大大提高。

浅探管理之道，就像在迷宫中寻找出口。每个学生的问题都是一道关卡，而我要利用自己的真心和智慧通过这些关卡，帮助他们成长。

（三）渐悟教育理，竭诚筑根基

苏霍姆林斯基说："教育者的关注和爱护在学生的心灵上会留下不可磨灭的印象。"这说明教师的情感投入对学生灵魂塑造的重要性。教育不仅是传授知识，还是塑造灵魂。从建构主义理论看，学生不是被动接受知识，而是基于自身经验构建对世界的理解。因此，我注重引导学生主动思考、积极探索，在满足他们基本学习需求的同时关注他们的情感、尊重和自我实现需求，竭诚为学生成长筑牢根基。

有一次，班级里发生了一件"大事"。一个学生的零花钱在教室里不见了。同学们开始互相猜疑，班级里弥漫着一种不安的气氛。我意识到这是一个教育学生品德的好机会。我并没有急于找出那个拿钱的学生，而是在班级里开展了一次关于诚实和信任的主题班会。

我在班会上讲了许多关于诚信的故事，从古代的信守承诺的曾子到现代的诚实守信的企业家。我告诉学生们："诚实是一个人最宝贵的品质，无论什么时候，我们都要坚守自己的底线。"我还组织学生们进行讨论，让他们分享自己对诚实的理解。在讨论的过程中，我看到学生们的眼神中充满了思考。

班会结束后，那个拿钱的学生悄悄地来找我，他满脸羞愧地把钱交了出来，并向我道歉。他说他当时是因为一时的贪心才拿了同学的钱，在班会上他听了大家的发言，内心非常愧疚。我并没有严厉地批评他，而是告诉他："知错能改就是好孩子。我相信你以后不会再犯这样的错误了。"从那以后，这个学生真的改变了很多，他变得更加诚实和善良。

在教学过程中，我也注重培养学生的创新思维。学生虽然接触的信息比较多，但有时会受传统思维的束缚。我鼓励学生在课堂上提出不同的观点，对他们独特的想法给予肯定和支持。有一次，在历史课堂上，我们讨论一个问题。大多数学生都按照传统的观点回答，而有一个学生提出了一个与众不同的看法。虽然这个看法有些争议，但我表扬了他的创新思维，引导同学们从不同的角度思考问题。

我还意识到，教育要因材施教。每个学生都有自己的学习风格和特点。有一个学生，他的逻辑思维比较强，但在语文的阅读理解方面比较薄弱。我针对他的情况，给他推荐了一些适

合他阅读的书籍，并教给他一些阅读技巧。针对这种情况，我发动家长和同学，在班级一角设置了一个书架，上面都是精挑细选的适合初中生阅读的书籍。自从图书角建成，学生们疯闹的现象少了，很多同学利用课余时间读书。

渐悟教育之理，就像在攀登一座高峰。每一步的领悟都是一次提升，我要用自己的竭诚之心为孩子们筑牢成长的根基，让他们在未来的道路上能够走得更远、更稳。

## 三、站稳脚跟，初尝甘苦

（一）心怀教育梦，起步遇繁星

"教育不是注满一桶水，而是点燃一把火。"叶芝的这句名言一直深深印刻在我的教育理念之中。当我心怀教育梦想踏上班主任岗位的那一刻起，我

就如同在浩瀚星空中启程的旅人，不断遇到那些闪耀的"星星"。

初任班主任时，我怀揣着满腔的热忱和对教育的憧憬。每一个学生在我眼中都是一颗独特的星星，有着无限的潜力等待被发掘。我记得有一个学生，他在学习上一直表现平平，甚至有些科目的成绩还处于班级的下游。然而，在一次班级组织的文艺活动中，我发现他有着极高的音乐天赋。他在舞台上弹奏吉他的模样自信而又充满魅力，那一刻，我看到了他身上的那束独特的光。这让我想起了苏霍姆林斯基的名言："世界上没有才能的人是没有的，问题在于教育者要去发现每一位学生的禀赋、兴趣、爱好和特长，为他们的表现和发展提供充分的条件和正确引导。"我开始思考如何为他在学业和音乐之间搭建一座桥梁。我与音乐老师沟通，让他参加学校的音乐社团，在课余时间我与他交流学习的重要性。我告诉他，音乐是他的天赋，但知识能让他在音乐的道路上走得更远。

作为班主任，总能发现一些同学在某些方面有特长，比如音乐、美术、球类等。在这些方面他们表现出色，但是在学业方面略显不足。如何让学生的兴趣爱好和学业成绩相得益彰呢？我的做法就是允许和鼓励学生正常的兴趣爱好。具体做法有两种：一是大力支持学生参加感兴趣的社团、少年科学院的活动等；二是为学生提供展示的机会和舞台，增强学生的自信心，然后引导学生将兴趣爱好的积极性转移到学业上。上网课期间，为了激发同学们线上学习的兴趣，增进同学们之间的友谊，我班进行了12次线上班会。班会通常分为两部分：一是一周学习分享，同学们都有机会参与；二是同学们的才艺展示，几乎所有同学都参加了展示，效果非常好。

经过多年的教学观察，我发现很多同学从事的工作恰恰与中学的兴趣爱好相关，我所做的恰恰是为学生的职业选择做了提前的谋划。有一个同学，成绩很普通，一直喜欢绘画，曾经在桌布上绣了一个非常漂亮的图案。能看出这个同学很有艺术天分。因此我一直让她负责班级板报的设计。她的每次设计都会给大家带来惊喜。我一直鼓励她在课余时间坚持绘画，并且提醒她，要想在更大的舞台上展示自己的艺术作品和才华就应该在学业上有更高的要求。她在课余时间还自己设计了微信表情包。

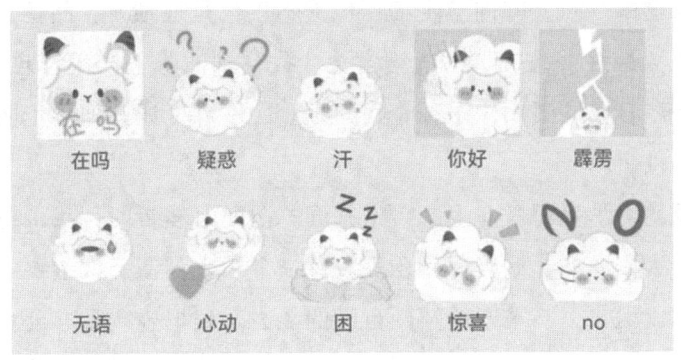

经过努力,她中考考取了一所艺术高中,学习美术。她在第一学期期末考试后回来看我时兴奋地说,自己的文化课成绩在班级排名第一。分享她的喜悦之余,我提醒她,持之以恒很重要。高考前,她的妈妈告诉我,她在专业课方面取得了不错的成绩,正在全力备战文化课。高考成绩揭晓,她考取了南京一所艺术院校的数字媒体艺术专业,超过录取分数线140多分。

"教育就是发掘每个人身上的宝贵素质和才能。"我们在重视学业成绩的同时要支持、帮助那些有兴趣爱好的同学,找到他们身上可以挖掘的兴趣点,提升他们特长方面的水平,为他们的未来开辟更多可供选择的出路。

心怀教育梦,在起步的道路上,这些学生就像繁星一样照亮了我的教育之旅。他们让我明白,每个学生都有自己的光芒,而班主任的责任就是去发现并呵护这些光芒,让它们在学生成长的天空中更加璀璨。

(二) 坚守育人志,开篇逢暖阳

"教育者,非为已往,非为现在,而专为将来。"蔡元培先生的这句话时刻提醒着我,坚守育人的志向是多么的重要。在班主任工作的开篇,我就如同在寒冷的清晨迎来了暖阳,那些温暖的瞬间让我更加坚定了自己的育人之志。

在班级管理中,我始终秉持着公平、公正、尊重每一个学生的原则。有一次,班级评选优秀学生,竞争非常激烈。其中有一个学生,他成绩并不是最突出的,但他在班级的团结和互助方面做出了很多贡献。当我提出要综合考虑学生的综合素质而不仅仅是根据成绩来评选时,有些学生表示不理解。

但我坚持自己的观点，并向学生解释优秀不仅仅是成绩好，品德、团队精神等同样重要。最终，他被选为优秀学生。我看到他脸上洋溢着自豪的笑容，那笑容就像冬日里的暖阳，温暖着我的心。这件事也让其他学生明白了全面发展的重要性。

我注重培养学生积极向上的人生态度。在面对挫折时，我希望他们能像向日葵向着太阳一样，始终保持乐观。有一个学生，在一次重要的考试中失利了，她非常沮丧，甚至开始怀疑自己的能力。我把她叫到办公室，给她讲了海伦·凯勒的故事，告诉她："当命运之神把你抛入谷底时，你要做的就是奋力向上攀爬。"我陪着她一起分析试卷中的问题，制订学习计划。在之后的学习中，她逐渐恢复了信心，成绩也稳步提升。

在与家长的沟通合作方面，我收获了很多温暖。家长们对我的信任和支持就像暖阳一样，给予我力量。有一位家长，在得知我为了学生的成长付出很多努力后，专门给我写了一封感谢信。信中说："您就像孩子成长道路上的一盏明灯，我们家长非常感激您的付出。"这封信让我深刻感受到，我的育人之志得到了家长的认可，这是对我最大的鼓励。

坚守育人志，在工作的开篇，这些温暖的人和事就像暖阳一样，驱散了我心中的阴霾，让我更加坚定地在育人的道路上前行。我知道，只要我坚守这份志向，就会不断有阳光洒在我和学生们共同成长的道路上。

（三）情系班级事，初始嗅花香

"教育植根于爱。"鲁迅的这句话道出了教育的本质。当我把自己的情感系于班级之事时，我仿佛置身于一座花园，嗅到了那沁人心脾的花香。

班级的环境建设是我关注的重点之一。我希望为学生们营造一个温馨、积极向上的学习环境。我和学生们一起布置教室，从选择励志的标语到摆放绿色植物，每一个细节都倾注了我们的心血。当看到原本单调的教室变得充满生机和活力时，我仿佛闻到了花朵绽放的芬芳。

在班级文化建设方面，我们开展了各种主题活动。例如，每月一次的读书分享会。在读书分享会上，学生们分享自己读过的好书，交流读书心得。我看到他们在这个过程中不断开阔视野，增长知识，就像一朵朵鲜花在知识的浇灌下茁壮成长。有一次,一个学生分享了《平凡的世界》,他的精彩分享引发了同学们的热烈讨论。大家从书中的人物谈到自己的理想,那一刻,我感受到了班级文化的魅力,那是一种充满智慧和情感的花香。

处理学生之间的矛盾也是班级事务的重要部分。有一次,两个学生因为一点儿小事发生了争执,互不相让。我没有批评他们,而是引导他们换位思考。我让他们各自说出自己的想法和感受,然后让他们站在对方的角度考虑问题,最后,他们不仅化解了矛盾,还成了好朋友。看到他们和好如初的笑容,我心中充满了欣慰,那感觉就像闻到了和解与友爱的花香。

我还注重培养学生的责任感。我在班级里设立了各种岗位,让每个学生都有机会为班级服务。有一个负责管理图书角的学生,他非常认真负责。他把图书角打理得井井有条,还定期向同学们推荐好书。他的责任感带动了其他同学,整个班级都充满了积极向上的氛围。这种氛围就像弥漫在空气中的花香,让每一个身处其中的人都感到愉悦。

情系班级事,在这个过程中,我不断地感受到那些美好的瞬间,就像闻到了各种各样的花香。这些花香是班级团结、学生成长、积极氛围的象征,它们让我深深地陶醉在班主任工作的幸福之中。

# 第二章　慧心润苗——师生和谐之乐曲

当师生之间建立起和谐的关系时，就像春风拂过心田，花朵悄然绽放。通过倾听心声、建立信任，教室里充满了欢声笑语，师生在充满爱的氛围中共生共长。和谐的师生关系只是班级良好发展的一部分，就像一幅美丽的画卷，还需要坚固的框架来支撑。这就需要匠心治班，构建班级秩序，让班级像一艘航行有序的船，朝着目标稳步前行。

## 一、走近学生，倾听心声

### （一）慧语启心智，暖言化坚冰

在我的班主任工作生涯中，我深刻地认识到，班主任不仅是知识的传授者，还是学生心灵的守护者和引路人。每一个学生都是一颗独特的种子，需要我们用智慧和爱心去浇灌，才能茁壮成长。

就像2009年那次难忘的军训，那是新初一学生踏入初中生活的第一步，也是我深入了解他们的绝佳机会。军训期间，我看到了学生们的坚忍与脆弱，也更加明白了慧语暖言的力量。

初一学生基本上都是12岁的年纪。大多数都是第一次离开家体验集体生活。很多同学对军训既感觉新鲜好奇又略带一丝紧张，因为衣食住等问题都需要自己解决。军训分男女两个寝室（军队的装备库），每个寝室容纳500多人。在教官的指导下，同学们把行李物品整理完毕后就投入紧张的军训。一天很快过去了。

军训期间，发生了一件事，让我记忆深刻。第一天军训晚饭后，女生方队的两名负责人跑着来找我，说有个女同学哭了，不吃饭。她是一个个子很高，略显消瘦的女生，在军训第一天的晚饭时，她因为觉得同学们都很优秀，自己不自信而且想家而哭泣。当时的她就像一只迷失在森林里的小鹿，孤独而无助。我深知，这个时候简单的安慰可能无法触及她的内心深处。我想起了苏轼说的："古之立大事者，不惟有超世之才，亦必有坚忍不拔之志。"我告诉她，军训是一个成长的过程，就像一颗种子要破土而出，必然要经历黑暗和压力。每一个同学都有自己的闪光点，她也不例外。她的身高就是她的优势，这代表着她有着独特的气质和潜力。想家是很正常的，这恰恰说明她是一个重感情的孩子。但是她不能让这种情绪成为自己的束缚，而应该把它转化为前进的动力。我鼓励她在军训中展现自己的能力，相信她也可以像其他同学一样优秀。她抬起头，眼中闪烁着希望的光芒。在接下来的军训中，她逐渐克服了自己的心理障碍，积极地参与各项训练和活动，成为同学们的榜样。在后来班级干部竞选中，她由于成绩优异，能力出众，当选为纪律班长。高中三年她一直很优秀。

这让我明白，作为班主任，我们的话语有着无穷的力量。一句慧语可能会开启学生的心智，让他们在迷茫中找到方向；一句暖言，就像春风化雨，能够融化学生心中的坚冰，让他们重新振作起来。我们要用敏锐的洞察力发现学生内心的困惑和不安，然后用智慧的语言引导他们，让他们感受到我们的关心和信任。

（二）灵思通幽处，妙意入心田

在初中这个特殊的成长阶段，学生们的内心世界如同一座神秘的花园，充满了各种各样的花草树木，需要我们用灵思妙意去探寻和呵护。

在军训的过程中，我看到了学生们丰富的内心世界。男生住在室外的帐篷里，面对艰苦的条件，他们的表现让我对他们有了更深的理解。帐篷进水，地面泥泞，他们在检阅时变成"泥猴"，却依然精神昂扬地喊着口号通过主席台。这背后，是他们对集体荣誉的珍视和对自我成长的渴望。

我记得有一个男生在站军姿的时候总是站不稳。教官批评他的时候，他的眼里满是委屈。我走近他，用灵思去探寻他内心的想法。原来，他的鞋子不合脚，但是他又不想因此而被特殊对待。我理解他的想法，这是一个自尊心很强的孩子，我没有直接批评他，也没有让他休息，而是对他说："我知道你想要坚持，这是非常了不起的品质。但是有时候适当地调整是为了更好地前行。就像行军打仗，士兵需要合适的装备才能发挥最大的战斗力。"他明白了我的意思，换了鞋之后，站军姿的表现越来越好。

下面是我当时的随笔。

### 检阅中的"泥猴们"

2009年8月24日，新初一开启了难忘的军训。一大早，各班同学就身背双肩包，拖着半人多高的行李箱来到操场集合，准备开启为期五天的军训生活。操场上是一张张满怀期待的笑脸。由于1000多人参加军训，军营营房紧张，学校决定让女生住在军营的楼房里，男生一律住在室外的帐篷中。行军、队列、站军姿、拉歌、踢正步……军训内容五花八门，同学们很兴奋。每班有一位负责训练的教官。负责我班的是一位大学生新兵，高高的个子，瘦瘦的，但是腰身挺拔，特别认真负责。从早起到就寝，到处都有他的身影，学生们很喜欢他。

军训，痛并快乐着。

早上，不到五点，天刚蒙蒙亮，学生们就要起床，排队洗漱，整理内务。整理内务对绝大多数在家不怎么做家务的同学是一个巨大的挑战。有的同学整理得又快又好，收拾完自己的床铺还帮助其他同学整理；有的同学面对内务束手无策，只是呆呆地拿着自己的东西不知所措。这时候最忙的是教官，他要挨个营房巡视，并手把手教同学们如何整理内务。然后出早操。早操之后吃早饭，原本平淡无奇的早餐同学们吃得津津有味，他们都说比家里的饭菜香。

军训最大的挑战是枯燥乏味且非常消耗体力的齐步走、正步走和站军姿。教官认真分解每一个动作，耐心示范每一个动作要领。刚开始训练时同学们充满激情，克服了种种困难，头顶烈日，不喊苦，不说累。有的同学中暑了还要坚持，有的同学脚受伤了也不放弃。当体力耗尽后，同学们最大的愿望是听到教官的哨声，因为哨声一响，就意味着可以休息5分钟。大家可以抓紧与新同学交谈，相互了解，也喜欢围坐在教官身旁，让教官讲讲军营的生活。

傍晚的风，总是那样清爽。教官组织同学们唱军歌，《团结就是力量》《战友你还记得吗》，嘹亮的歌声久久地在军营回荡。

经过了5天的训练，同学们肤色变得黝黑，动作变得规范，教官渐渐露出了笑容。

终于到了会操的时刻，所有同学都摩拳擦掌，想用一周的训练为自己的军训生活献礼。由于军训期间的大雨，帐篷里进了水，地面满是泥泞，男生的衣服、裤子和鞋子满是泥土，白T恤变成了花T恤，蓝裤子变成了灰裤子。在集合前，我和教官让同学们尽量收拾得干净一些。即便如此，检阅队伍中的大部分男生依然像"泥猴"。一个班一个班的检阅队伍通过主席台，"初一×班，扬帆起航，举世无双，再创辉煌""风起云涌，出水蛟龙，×班当头，傲视群雄"，铿锵的口号不绝于耳。我班同学以昂扬的精神和响亮的口号通过主席台，获得了阵阵掌声。

转眼间，五天的军训生活画上了圆满的句号。同学们坐在大巴车上，外面正下着大雨，教官们立于雨中，没有撑伞，向着我们举起右手，敬了一个庄重的军礼……

下面是我班颇有文采的滕思淇同学所写的"感悟心得"，我一直珍藏着。

### 深深教官情

滕思淇（2015级）

天空飘荡着琉璃样的色彩，九月的阳光拂上脸颊，漫天的苍翠，勾勒出淡淡的秋日味道。

倚着沙发，一束灿烂的金辉将我轻轻地托起，阳光温暖了一身，没有罅隙，也没有痕迹，只有悠扬的音乐在耳边回荡："还记得那年报名参军吗?

还记得第一次穿上军装吗？……"缠绵的乐声牵引着思绪，飞向军训中的酸甜苦辣，点点滴滴。

清晨，我带着行李满怀着希望步入校园。眨眼间，已到了军训地点。搬行李的人略显干瘦的胳膊在我眼前挥来挥去。"啪"，一滴汗珠碎在地上。抬头，是个中年人吧，粗布背心正反两面都像淋了雨一样浸满汗水。那干瘦的身体不停地把一个个沉重的大皮箱拖下来，抬过去。我不禁定定地望着他，那咬牙坚持的姿态，使我心生敬佩。

刚度过悠闲的假期生活，不懂规矩的我们懒懒散散，训练场上一阵乱舞乱走。教官说：

"要有一个认真的态度，你们的休息是要争取的，幸福要通过努力获得。"一席话，让我如同被风吹起的叶子，努力挣扎起来。于是，我开始认真训练，努力去看清排面。终于教官表扬了我们。坐在椅子上，仰望天空，云彩也因浸染了我们的欢乐，变得胖了起来。

黄昏，衣服因淋了雨，湿漉漉地贴在身上。我们拖着疲惫不堪的身体回到寝室。面对乱成一片的寝室，教官细心地指导我们，帮我们叠被子，把边角压得又直又齐，最后用筷子一点点压好，把床单铺得没有丝毫褶皱。

一周的军训如日历一样一页页悄然溜走。在闭营式上，教官为了给我们壮气势，尽生平之力喊出："向右看！"在这一刹那间，我脑海中猛然跃出与教官在一起的点点滴滴的画面：因管教我们而喊哑了嗓子，含着含片教我们抑扬顿挫唱歌的情景；自己淋着雨，只为了让我们早点儿打上饭，仍继续前进的一幕幕……

傍晚的余晖映着教官的影子，他的身影是那样的高大。夕阳下，凝望教官的身影，我竟无语凝噎。此感，怎一个情字了得！

细雨霏霏，如影随形。落花知意，随风飘飞。"还记得营房前的那棵树吗？还记得庆功会的锣鼓吗？"丝丝凉意，悠扬乐声，将我从思绪中硬生生地扯回，秋日里多了一份人间真情。

**相见欢·未来**

蝉鸣独衬楼中，风融融。放眼辽阔窗外，景繁荣。

> 追梦想，有憧憬，心犹衷。青春是需修炼才成功！
>
> 滴答的小雨中，有晶莹的泪逝去的痕迹。风儿轻轻拂过，这次军训，也令我走出童年，迈向初中生活！

这次军训让我明白，班主任需要有灵思妙意，才能真正走进学生的内心深处。我们不能仅仅看到学生表面的行为，还要去理解他们行为背后的原因。只有这样，我们的教育才能真正地进入学生的心田，让学生们从内心接受我们的引导，从而茁壮成长。我们要尊重学生，用巧妙的方式解决他们遇到的问题，让他们在成长的道路上感受到我们的尊重和支持。

（三）巧言解困惑，善语抚心灵

初中学生正处于身心快速发展的时期，他们在成长的道路上会遇到各种各样的困惑，而班主任的巧言善语就像一把神奇的钥匙，能够打开他们心中的困惑之门，抚慰他们的心灵。

在军训期间，有许多这样的例子。整理内务对于很多在家不怎么做家务的学生来说是一个巨大的挑战。有些同学做得又快又好，有些同学则不知所措。我看到一个男生，他面对自己杂乱的床铺显得十分焦虑。我走到他身边，轻声对他说："别着急，整理内务就像解一道数学题，每一个步骤都有它的规律。你看，先把被子铺平，就像我们在做数学题时先列出已知条件一样。然后再按照教官教的方法叠被子，这就像是运用解题的公式。"我的话让他恍然大悟，他开始按照我的方法去做，很快就整理好了自己的床铺。

还有一次，在拉歌的时候，两个同学因为一点儿小矛盾争吵起来。其中一个同学觉得另一个同学唱歌声音太大，抢了自己的风头。我把他们拉到一边，笑着说："你们知道吗，在一个合唱团里，每个声音都是独特而重要的。高音和低音相互配合，才能唱出最美的旋律。你们就像这个合唱团里的成员，一个声音响亮，一个声音低沉，只有相互包容，才能让我们班的拉歌更加精彩。"我的话让他们意识到了自己的错误，他们互相道歉，又开心地一起拉歌了。

这些经历让我深知，班主任的巧言善语是有"魔法"的。我们要用积极的语言去引导学生，帮助他们解决困惑，用充满善意的话语抚慰他们的心灵。在这个过程中，我们要站在学生的角度思考问题，理解他们的感受，让他们感受到我们是他们成长道路上的知心朋友。只有这样，我们才能建立起和谐的师生关系，让学生在充满爱的氛围中健康成长。

## 二、建立信任，互动升温

### （一）耐心听童语，真心感生情

在我二十年的班主任工作经历中，我深刻体会到耐心倾听学生话语的重要性。陶行知先生说："真教育是心心相印的活动，唯独从心里发出来，才能打动心灵的深处。"这一理念在我与学生建立信任关系的过程中体现得淋漓尽致。

在初中这个充满变化和挑战的阶段，学生们内心有着各种各样的想法和感受。他们渴望被理解，被尊重，而耐心倾听就是打开他们心门的第一把钥匙。每一个学生的童语都是他们内心世界的真实映照。

2022年上网课期间，每天都需要任课老师在上课的软件中设置课程，偶尔有老师会忘记设置，班级需要一位认真负责的同学课前提醒我，我再提醒老师。我马上想到了小邵同学。她阳光向上，成绩优异，还喜欢各种运动。于是，我就让她负责这项工作。之后的时间里，她认真负责，从来没有疏漏，一直到网课结束。对她的了解，源于我们一起参加长白山研学，她是我所带小组的成员。在整个活动中，她每天都会和我聊各种话题，包括长白山的自然气候、植被分布以及她的爱好等。一路上，我是她的忠实听众。研学活动中，她积极参与，认真思考，组织协调，表现突出。因此，研学活动结束后主任让她代表所有研学的同学在全校做汇报。她的汇报很精彩。

教师节前夕，我收到了一条短信：

致我最亲爱的卢老师：

初中三年，您的两个身份都对我影响颇深。

作为历史老师，您将一个个琐碎的知识点汇聚到一起，又将它不遗余力地传授给我们。初中三年，在历史学科中，我从未感受到学习的痛苦，更多的是对它的热爱，这也是您带给我的。

班主任，可能是您更具代表性的一面，从最开始的军训，到中考时对我们的鼓励，您一直像一位慈祥的父亲关爱着我们。大多数时候我认为您更像是我们的家人，陪伴着我们一年又一年。在初中三年里，我记忆最深刻的是网课时期，那段时间，您一直陪伴我们度过了最艰难、最痛苦，但最有意义的一段时光，我现在想起来，也十分留恋。

写这段话的时候我突然看到以前的消息，感觉辜负了您对我的期待，但我相信，努力学习，终会有更好的明天。

在教师节来临之际，因为学业原因无法回母校看您，我深表歉意。

最后的千言万语汇成一句话：教师节快乐！

这是小高同学发给我的。我回复他：谢谢！谈不上辜负，只要努力，什么时候都不晚，就把中考当作一个小挫折，如果能激发你无限的斗志，未来三年你将有更大的收获。你的基础很好，也很优秀，期待三年后传来你的捷报。加油！

小高同学是一个很努力的学生。日常经常和我聊一聊学习和生活。通过聊天，他可以解解压，我也可以了解他的心理动向，时不时地帮他修正方向。

其实，有的时候倾听是班主任了解学生的一种有效途径。在倾诉的过程中，我们能了解他们外在的表现和内心的活动。我们在教育过程中不能忽视个体的需求，要真心感受孩子们的情感，耐心倾听他们的每一句话。只有这样，我们才能真正走进他们的内心，让他们感受到我们的关心和支持，从而建立起深厚的师生信任关系。学会倾听，也是一种教育艺术。

(二) 悉心察生意，全心育桃李

陶行知先生的教育理念强调要关注学生的生活、学习等各方面，这与悉心观察学生的需求是紧密相连的。初中生正处于身心快速发展的时期，他们的需求和变化是多方面的，这就需要班主任用敏锐的洞察力去悉心观察他们。

在我的班级里有一个女生，她的成绩一直很优秀，但是最近一段时间，我发现她上课总是走神，作业也出现了一些小错误。这与她以往的表现截然不同。我开始留意她的一举一动，发现她课间休息的时候也不再像以前那样和同学们嬉笑打闹，而是常常一个人发呆。

我意识到她可能遇到了一些困扰。于是，我找了一个合适的时间，和她单独谈话。我没有直接问她，而是关心地问她最近是不是有什么心事。她犹豫了一下，然后告诉我，她的父母最近一直在吵架，她很担心他们会离婚，这让她整天忧心忡忡，无法集中精力学习。

我深知这种家庭环境对她的影响很大。我告诉她，家庭的问题有时候很复杂，大人有大人的生活，但是你要相信父母对你的爱不会改变。同时，我和她的父母取得了联系，向他们反映了这个情况。她的父母意识到自己的行为对孩子造成了伤害，开始改变自己的态度。

在解决这个问题的过程中，我秉持着全心育桃李的信念。教育是国之大计，作为班主任，我们的责任就是关注每一个学生的全面发展。这个女生的情况不仅仅是家庭问题影响学习成绩这么简单，还关乎她的心理健康和未来发展。通过我的观察和干预，她逐渐恢复了往日的状态，成绩也稳定下来了。

这件事让我更加坚信，悉心观察学生的细微变化才能够及时发现他们的需求和问题。我们要用一颗全心投入的心培育每一个学生，像园丁呵护花朵一样，关注他们成长过程中的每一个细节，这样才能与学生建立信任的关系，让他们在健康的环境中茁壮成长。

(三) 爱心融隔阂，诚心建信任

在多年的班主任工作中，我发现师生或者学生之间难免会出现一些隔阂，而消除隔阂的关键，就是用爱心去包容，用诚心去沟通。

有一次，班级里发生了一件不愉快的事情。课间休息刚结束，我正朝着教室走去准备上下一节课，还没到教室门口，就听到里面传来吵闹声和桌椅碰撞的声音。我赶忙加快脚步，一进教室，就看到两个男生扭打在一起，周围的同学有的在大声呼喊劝架，有的则被吓得不知所措，教室里一片混乱。

我急忙冲过去，用力把他们分开，严肃地看着他们说："都别冲动，跟我到办公室去。"到了办公室，他们两个就像两只斗败的小公鸡，低着头，谁也不说话，空气中弥漫着紧张的气氛，仿佛一点儿火星就能再次引发一场"战争"。

我没有批评他们，而是默默地走到饮水机前，拿了两个纸杯，接了两杯水，分别递给他们，轻声说道："先喝点儿水，平静一下情绪吧。"

过了一会儿，我用温和的语气说："我知道你们都很生气，但是在教室里打架是不对的。我想听听你们为什么会发生这样的事情。"

其中一个男生，我们就叫他小 A 吧，他先抬起头，眼睛里还带着一丝愤怒，说道："老师，课间休息的时候，我正好好地从座位上站起来准备出去活动一下，他就突然冲过来撞了我一下，可疼了，而且他还不道歉，就跟没事儿人一样，您说气不气人？"

另一个男生小 B 一听，立马反驳道："老师，我真不是故意的。当时我在过道上走着，后面有人推了我一下，我没站稳才撞到他的。我刚想跟他解释，他就对我动手了，我也很委屈啊。"

我看着他们两个，意识到这确实是一个误会，但是他们现在在气头上，谁也不愿意听对方的解释。我语重心长地对他们说："你们都是我的学生，我了解你们，知道你们平时都不是那种喜欢惹事的孩子。这可能就是一个误会，但是你们处理问题的方式太冲动了。在一个班级里，同学们就像一家人一样，应该互相包容，互相理解。就像陶行知先生说的，我们要学会爱人，爱身边的每一个人。如果你们当时能够心平气和地交流，而不是冲动地动手，就不会有现在这样的局面了。"

小A听了我的话,小声嘟囔着:"可是他当时的态度也不好啊。"

我笑了笑说:"小A啊,也许他当时被突然的状况弄蒙了,还没来得及好好解释呢。而且小B,你也应该理解小A,被撞疼了,一时生气也是正常的。你们两个都有错,错在没有给对方解释的机会,也没有控制好自己的情绪。"

小B点了点头说:"老师,我知道错了,我当时如果好好跟他说就好了。"

小A也有些不好意思地说:"老师,我不该动手的,我也有错。"

我欣慰地看着他们说:"这就对了,你们都是男子汉,要学会大度一些。现在你们互相看着对方的眼睛,真诚地把自己的想法再说一次。"

小A看着小B的眼睛说:"小B,对不起啊,我不该动手的,当时太冲动了。"

小B也赶紧回应道:"小A,我也对不起你,我应该第一时间跟你解释清楚的。"

从那以后,他们不仅化解了矛盾,还成了好朋友,经常一起讨论学习上的问题,还一起参加了学校的科技小组。这件事让我更加深刻地认识到,在处理学生之间的矛盾时,理解、包容和正确的引导是多么的重要。

当师生之间或者学生之间出现隔阂时,爱心和诚心是化解隔阂的良药。我们要用爱心包容学生的错误,用诚心与他们沟通,让他们感受到我们的公正和善意。这样,我们就能和学生建立起坚不可摧的信任关系,让班级成为一个充满爱的大家庭,这符合我们在教育工作中追求和谐、积极向上的目标,也与构建和谐社会的理念相契合。

### 三、和谐共生,其乐融融

(一)和颜展师爱,悦色传关怀

在我二十年的班主任工作历程中,我深切地领悟到,和颜悦色是传递师爱的一扇重要窗口。教师的表情,犹如一面镜子,映射到学生心中,或温暖,或冷漠,而这往往决定着师生关系的亲疏远近。

孔子与他的弟子之间的相处便是典范。孔子总是以温和的面容对待弟子,无论弟子们提出多么幼稚或者尖锐的问题,他都能耐心解答,用微笑和鼓励给予他们力量。颜渊曾喟然叹曰:"夫子循循然善诱人,博我以文,约我以礼。"孔子的循循善诱,在很大程度上得益于他那和颜悦色的态度。这种态度让弟子们感受到尊重与关爱,从而心悦诚服地追随他。

在我教的班级里,也曾有这样一个学生,她叫思远。她是一个心思细腻且有些敏感的女孩。她的学习成绩在班级里处于中等偏下的水平,尤其是历史学科,成绩总是不太理想。

我记得在她初一的时候,有一次历史考试,她只考了40多分。那节历史课下课,我和她一起往教室外面走,在班级门口我叫住她说:"思远,这次历史没考好,回去把历史知识点好好背一背,下次考试肯定能打50分以上。"当时,我看到她的眼神里有一丝惊讶,紧接着是难以掩饰的欣喜和感动。初一每周只有两节历史课,我教6个班,要面对几百个学生,能被老师记住名字,对于刚上初一的她来说或许是一种特殊的尊重与认可。

从那之后,我发现她对历史课的态度有了很大的转变。她开始变得积极起来,上课的时候眼睛总是紧紧盯着黑板,充满了对知识的渴望。我也总是在课堂上给她一些鼓励的眼神,每当她回答对一个小问题时,我都会给予肯定。

在初三的一次家长会上,我和她妈妈说思远学习状态很好。那时候的学生们面临着升学的压力,精神都非常紧张,而我的这一句认可对她来说无疑是莫大的支持。

随着时间的推移,她对历史学科的热爱愈发明显。她会在课后主动找历史相关的书籍来阅读,还会和同学们讨论历史事件。我能感受到,当初那一句简单的鼓励和关注就像一颗种子在她的心中生根发芽。

后来她毕业了,我收到了一封信。信中思远写道:

"亲爱的卢老师:见信如见面,遇信展欢颜。您是七个老师中我第一个写信的哦!不知道为什么,毕业之后,最想和您再说几句话,可能是自从那个毕业的悲伤的下午后,我就一直没和您说上话。老师,我发现,初中的时光是一段一段的,但毕业以后,回忆却是一幕一幕的,有点儿像照片,还能记得几句零星的语句。老师，您做过一件特别特别让我感动的事，但您可能都忘了……老师，我因您而喜欢历史，我觉得一个人对他人的一生产生了影响是非常伟大的。我觉得您是一个非常伟大的人……"

看着她的信，我深深体会到，作为一名教师，我们不经意间的一个举动、一句话语，都可能在学生的心中激起巨大的涟漪。我们对学生的关注和认可就像一束光，照亮他们前行的道路，也让他们感受到自身的价值。这也让我更加坚信，在与学生相处的过程中，每一个细微之处都蕴含着教育的力量。

以下是那个孩子写给我的信。

---

亲爱的老师：

　　见信如见面，遇信展欢颜。您是七个老师中我第一个写信的哦！

　　不知道为什么，毕业之后，最想和您再说几句话，可能是自从那个毕业的悲伤的下午后，我就一直没和您说上话。

　　老师，我发现，初中的时光是一段一段的，但毕业以后，回忆却是一幕一幕的，有点儿像照片，还能记得几句零星的语句。老师，您做过一件特别特别让我感动的事，但您可能都忘了。

　　记得有一次历史考试，我打了40多分，很低的分数。历史课下课，我们俩一起往外面走，在班级门口您和我说："思远，这次历史没考好，回去把历史知识点好好背一背，下次考试肯定能打50分以上。"老师，那时我听到您叫我的名字，半是欣喜，半是惊讶，半是紧张，半是感动，我只是您教的几百个学生中的一个，能被您记住名字，这种尊重与认可对刚上初一的我的影响是不可估量的，因此我非常非常感谢您。

　　从那以后，我非常喜欢历史，也很喜欢您，想听您再给我们上一节历史课。初三年级的那次家长会，您和我妈妈说我学习状态好，我那段时间精神非常紧张，压力很大，您的认可给了我莫大的支持。

　　……

　　老师，我因您而喜欢历史，我觉得一个人对他人的一生产生了影响是非常伟大的。我觉得您是一个非常伟大的人。……

> 祝愿老师教师节快乐，顺利平安。
>
> 赵思远<br>2021年9月9日（9：32分）

和颜悦色不仅体现在言语交流时的表情上，还体现在日常相处中的点滴关怀。在班级管理中，我始终认为关怀就像涓涓细流，要渗透到学生生活的每一个角落。曾经有一个女生，在学校突然生病了。我得知消息后，急忙赶到教室，脸上满是担忧之色。我轻声询问她的状况，然后小心翼翼地将她送到医务室。在医务室里，我陪着她，一边安慰她，一边等待医生的检查结果。我的和颜悦色让她感到安心，她紧紧拉着我的手说："老师，有您在我就不害怕了。"那一刻，我明白了，作为班主任，我们的关怀就如同冬日的暖阳能驱散学生心中的阴霾。

在现代教育理念中，我们强调尊重学生的个性差异，这与和颜悦色地传递师爱也是紧密相连的。每一个学生都是独一无二的花朵，他们有着不同的生长节奏和需求。我们不能用统一的标准去衡量他们，而要用包容和关爱的态度对待他们。就像陶行知先生所说："你的教鞭下有瓦特，你的冷眼里有牛顿，你的讥笑中有爱迪生。"如果我们总是以严厉甚至冷漠的态度对待学生，就可能会扼杀他们的潜力。和颜悦色则能给予他们成长的空间，增强他们的自信心。

在这个快节奏的时代，学生们面临着各种各样的压力，他们需要的不仅是教师传授的知识，还需要教师情感上的支持。作为班主任，我们的和颜悦色就是一种无声的承诺，告诉学生们，无论遇到什么困难，老师都会陪伴在他们身边。这是一种师爱的传递，也是构建和谐师生关系的基石。

在多年的教育工作中，我见过很多老师因为过于严厉而与学生产生距离感。我也曾反思自己的教育方式，不断提醒自己要时刻保持和颜悦色。因为我知道，每一个微笑、每一个关切的眼神，都可能成为学生心中的一束光，照亮他们前行的道路。当我们用和颜悦色去面对学生时，我们收获的不仅是他们的尊重和喜爱，还是一种教育的成就感。看着学生们在充满关爱的环境中茁壮成长，那种幸福的感觉就像一股清泉，在心底缓缓流淌。

我相信，只要班主任始终秉持"和颜展师爱，悦色传关怀"的态度，我们的班级就会像一个温暖的大家庭，师生之间和谐共生，其乐融融。每一个学生都能在这个大家庭中感受到爱的滋养，绽放属于自己的光彩。这也是我在二十多年的教学生涯中不断追求和努力践行的教育理想。

（二）笑语盈教室，欢声满校园

在多年的班主任工作中，我始终认为，一个充满欢声笑语的教室和校园是教育最美好的模样。这让我不禁想起古代书院里，师生们围坐在一起，谈经论道，不时传出的爽朗笑声。那是一种对知识的热爱和对彼此的欣赏相交融的和谐氛围。

在我的班级里，营造这样的氛围是我一直努力的方向。我深知，对于处于青春期的学生来说，学习固然重要，但一个轻松愉快的学习环境更能激发他们的学习热情和创造力。

学校的文艺会演是一个让大家展现自我、放松心情的好机会。同学们都积极参与，从策划节目到排练，教室里总是充满欢声笑语。我也积极地参与其中，和同学们一起讨论节目设计。有一次，几个男生想要表演一段搞笑版的历史剧，他们把历史人物的形象进行了幽默的改编，在讨论过程中，他们一边讲述自己的想法，一边做搞笑的动作，整个教室都被笑声填满。我看着他们充满活力的样子，也忍不住跟着笑起来，并且给他们提出很多建议，鼓励他们大胆创新。

在日常的历史教学中，我一直努力让笑声融入知识的传授过程。讲解历史人物和事件是让历史课变得生动有趣的好办法。在讲述大唐"开元盛世"的历史时，当讲到李白这个伟大的诗人时，我就会绘声绘色地说起他醉酒后让高力士脱靴的故事。同学们一听到这个故事，眼睛都亮了起来，听得津津有味，教室里传出阵阵笑声。

我深切地感受到，当课堂上有了笑声之后，学生们的表现有了很大的变化。他们的注意力变得更加集中了，不再像以前那样容易分心。他们对历史知识的吸收也变得更加轻松容易。要知道，历史知识往往比较繁杂，学生们很容易产生抵触情绪。但在笑声中，他们不知不觉就放下了这些负面情绪，以一种更加放松、积极的心态接受那些历史知识。这让我更加坚信，将趣味元素融入历史教学是非常有意义的教学方式。

笑语盈教室，不仅是为了让学生们开心，还是为了培养他们积极乐观的人生态度。在我的班级里，有一个学生因为家庭变故而变得消沉。他在课堂上总是心不在焉，课后也很少与其他同学交流。我注意到这个情况后，组织了一次班级的趣味活动。在活动中，大家玩了很多有趣的游戏，同学们互相打趣，互相帮助。在这个过程中，他也被大家的欢乐氛围感染，脸上逐渐露出了笑容。活动结束后，他对我说："老师，我今天很开心，很久没有这么笑过了。"从那以后，他开始慢慢地走出阴霾，重新融入班级的集体生活。

欢声满校园也体现在校园生活的各个方面。学校的运动会就是一个很好的例子。在运动会上，同学们为了班级的荣誉而努力拼搏。无论是在赛场上奔跑的运动员，还是在场下呐喊助威的啦啦队，大家都充满了热情。我和同学们一起为运动员加油，当我们班的同学取得好成绩时，大家欢呼雀跃，整个校园都回荡着我们的笑声和欢呼声。这种集体的欢乐让同学们更加热爱自己的班级和学校，增强了班级的凝聚力和向心力。

从教育的角度来看，一个充满欢声笑语的环境符合现代教育理念中对学生全面发展的要求。在欢乐的氛围中，学生们的身心得到健康发展，他们的品德、智力、体魄、美感和劳动能力都能得到更好的培养。欢笑是一种积极的情绪表达，它能够促进学生之间的交流与合作，培养他们的团队精神。

在我的教育经历中，我也看到过一些过于严肃、缺乏欢笑的班级。在这样的班级里，学生们的压力很大，学习积极性不高，师生关系也比较紧张。而我始终坚信，笑声是一种强大的力量，它能够打破隔阂，拉近师生之间的距离。班主任努力营造"笑语盈教室，欢声满校园"的氛围就是在为学生创造一个充满活力和希望的成长环境。

我希望，我的学生在多年以后回忆起初中生活时，脑海中浮现的不仅是枯燥的学习和考试，还有充满欢声笑语的教室和校园。那是他们青春岁月里最美好的回忆，也是我作为班主任送给他们最珍贵的礼物。我会继续在这条充满欢笑的教育道路上前行，让笑声永远在我的班级和校园里回荡。

(三) 慈颜化春雨，善目润幼苗

我深深体会到，班主任的慈颜和善目就如同春雨和阳光，默默地滋润着每一个学生的心田，助力他们茁壮成长。从古至今，有许多这样感人的师生佳话。比如程门立雪的故事，杨时和游酢为了向程颐求学，在大雪纷飞之日恭敬地站在门外等候。程颐醒来看到他们时，那慈祥的面容想必给了他们极大的鼓励和温暖。这种慈颜背后是对学生的尊重与认可，是一种无声的教育力量。

班级有的学生心理成熟晚，尤其是男生。对待这样的学生需要更多的耐心和爱。小李就是这样的一个学生。由于心理发育较慢，大家都不愿意和他一起玩儿。他也不太在意，沉浸在自己的世界里。对于他的一些表现我也会网开一面。同时，我建议班级同学给予他更多的宽容。他喜欢钻研自然科学，买了一套化学实验用具，自己在家做各种化学实验，化学成绩比较好。我在班级表扬了他的钻研精神，他很兴奋。这类学生我们不能用正常的标准来要求和评价。

初三的时候发生了一件事。学校消防器材室丢失了两双高筒雨靴，调取监控发现是小李同学拿的。学校老师找到我，我没有急于采取措施，思量再三，决定冷处理。我认为他这个行为应该不属于盗窃。于是我联系小李同学的家长说明了情况。家长反馈说，确实在家里发现了两双雨靴，孩子没说从哪里拿来的。我让家长明天把雨靴还回去，我们共同了解一下具体情况。第二天，我找到小李同学，他涨红着脸说：就是对雨靴好奇，觉得好玩。我相信他说的是真的。于是我对他说，无论是好玩还是好奇，不属于自己的东西是不能拿的，有什么想法可以告诉老师或者家长。他似懂非懂地点点头。直到毕业我也没有公开此事。毕业后，小李同学的妈妈给我发信息说，小李同学总说初中的老师真好，有时晚上骑自行车都要绕到学校门口看一下校园。感谢我对孩子和家长的鼓励，不管孩子有多少缺点，我都能正确面对，正向引领。三年后高考结束，小李同学的妈妈又给我发信息，兴奋地告诉我，小李同学被天津科技大学录取了，虽然不及其他同学，但是已经非常好了，而且报了他喜欢的专业。

面对一些心理成熟晚、学业困难的学生，我特别能够理解"静待花开"的含义。每个人都有开花期，只是有早开晚开的区别罢了。

慈颜化春雨还体现在对学生的包容和理解上。学生在成长过程中难免会犯错，班主任要用宽容的态度对待他们。有一次，班级里的几个女生因为一点儿小事发生了争吵，其中一个女生哭了。我赶到教室后，没有责备她们，而是用慈祥的面容看着她们，轻声说："孩子们，不要哭了，大家都是好朋友，有什么事情不能好好说呢？"然后我耐心地听她们讲述事情的经过，原来是因为一个小误会。我用温和的话语开导她们，告诉她们在友情中要学会互相包容。看着我慈祥的面容，她们都意识到了自己的错误，互相道歉，又和好如初了。

班主任还要有敏锐的洞察力，能够通过眼神传递关心和期望。在课堂上，我的目光会在每一个学生的脸上停留，当有学生遇到难题时，我会用鼓励的眼神给予他们支持。有一个学生，她的学习成绩中等，但是学习很努力。每次她在课堂上回答问题时，我都会用充满期待的目光看着她。有一次，她回答一个比较难的问题时有些犹豫，但是看到我的眼神后，她鼓起了勇气，回答得非常精彩。课后，她对我说："老师，您的眼神给了我力量，让我相信自己可以做到。"

从教育的本质来看，班主任的慈颜善目是对学生的一种情感投资。这种情感投资符合现代教育中以人为本的理念。我们用慈颜善目对待学生，就是在关注学生的情感需求，尊重他们的人格发展。

在这个竞争日益激烈的社会，学生们面临着各种各样的挑战和压力。班主任的慈颜善目就像避风港，为他们提供一个温暖、安全的成长环境。当我们用慈颜善目滋润学生的心田时，我们不仅是在教育他们，还是在塑造他们的灵魂。

在多年的教育工作中，我看到很多因为老师的严厉和冷漠而受到伤害的学生。我深知，作为班主任，我们的表情和眼神有着巨大的影响力。因此，我会一直保持我的慈颜善目，让每一个学生都能在我的关爱下茁壮成长，就像幼苗在春雨的滋润和阳光的照耀下长成参天大树。这是我的教育使命，也是我最大的幸福。

# 第三章  匠心治班——班级秩序之构建

精心规划班级、严格执行纪律、公平奖惩，班级才能在有序的框架下稳定发展。班级就像一座大厦，有了坚实的结构，才能屹立不倒。但班级并非孤立的存在，它是家庭与学校联系的纽带，就像一座桥梁，连接着两端。因此，要搭建家校共育的桥梁，让家庭和学校的力量汇聚起来，为学生的成长提供更全面的支持。

## 一、规划班级，规则初定

**（一）精思立班规，妙想定班纪**

作为一名有着多年班主任经验的教师，我深知班级规则的制订犹如大厦之基石，关乎班级秩序的构建与学生成长的方向。在我漫长的班主任生涯中，每一次制订班规班纪都是一次精心的雕琢，一次对教育理想的细致描绘。

回想起多年前接手的一个班级，那是一群朝气蓬勃却又懵懂无知的孩子。我深知，若想让这个班级成为一个积极向上、充满凝聚力的集体，一套完善的班规班纪必不可少。我并没有草率地从网上下载一些现成的规则，而是静下心来，仔细思考这些孩子的特点、需求以及他们即将面临的成长挑战。

我首先从尊重和自律这两个核心价值观出发。我深知，这两种品质对于孩子们的成长和班级的和谐发展有着不可估量的作用。我希望孩子们明白，在一个集体中，尊重他人就是尊重自己，自律是走向成功的关键一步。

于是，我们班班规的第一条便是："尊重他人，不得有任何侮辱、歧视同学或老师的言行，无论是言语还是肢体动作。"这看似简单的一条班规，却是建立和谐人际关系的基石。

为了让孩子们深刻理解尊重的内涵，我给他们讲述了孔子与其弟子的故事。孔子，这位伟大的教育家，一生收徒众多，他的教育理念与教育实践无不体现着尊重的光辉。

孔子门下弟子三千，贤能者七十二。他的弟子们性格各异，出身不同，有像颜回那样安贫乐道的，有像子路那样勇猛直率的，还有像子贡那样能言善辩的。然而，孔子对待每一个弟子都很尊重。

比如子路，他性格鲁莽，初入师门时，行为举止常常带着莽撞之气。但孔子并没有因此而歧视他或者打压他的个性，相反，孔子看到了子路性格中正直勇敢的一面。他因材施教，根据子路的特点引导他学习礼仪道德，用尊重和耐心感化他。子路在孔子的教导下逐渐成长为一个有勇有谋、懂得礼仪的人。

再如颜回，他家境贫寒，居住在陋巷之中，一箪食，一瓢饮，却不改其乐。孔子对颜回的品德和求学态度十分敬重。他常常赞扬颜回的贤德，在众多弟子面前毫不掩饰自己对颜回的欣赏。而颜回对孔子更是敬重有加，他把孔子的教诲奉为圭臬，认真聆听孔子的每一句话，努力践行孔子的学说。

这种相互尊重的师生关系，就像一盏明灯，照亮了弟子们的求学生涯，也成就了一段千古佳话。在孔子的课堂上，弟子们可以自由地表达自己的观点，无论是赞同还是质疑，孔子都以开放包容的态度去对待。他尊重弟子们的思想，鼓励他们积极思考，这种尊重的氛围使得弟子们在学问上不断进取，在人格上得到完善。

我告诉孩子们，在我们的班级里也要营造这样一种相互尊重的氛围。每一个同学都有自己的闪光点和不足之处，我们要像孔子尊重他的弟子那样，尊重身边的每一个人，尊重他人的想法，尊重他人的差异，只有这样，我们的班级才能像一个温暖的大家庭，大家在这个家庭里才能相互扶持、共同成长。当我们尊重他人时，我们也在为自己赢得尊重，这种尊重会在班级中形成一种积极向上的力量，推动我们向着更好的自己迈进。

在学习纪律方面，我深知初中阶段是知识积累的关键时期，于是制订了"按时完成作业，不得抄袭，如有疑问可向老师或同学请教"这一规则。同时，为了鼓励孩子们在课堂上积极表现，规定"课堂上积极发言，尊重他人发言，不得随意打断"。为了让这些规则更加深入人心，我还组织了一次主题班会，让孩子们分组讨论这些规则的意义和必要性。

在班级纪律方面，"遵守学校作息时间，不得迟到早退"是最基本的要求。我还补充了"在校园内不得追逐打闹，以免发生危险"这一条。这让我想起了古代书院的纪律，学子们在书院中遵循严格的作息和行为规范，才能心无旁骛地读书求学。我希望我的学生也能在有序的环境中安心学习。

在班级环境的维护方面，我们的班规中有"爱护班级公共财物，保持教室整洁卫生，每人轮流值日，认真履行职责"。我告诉孩子们，班级就是我们的第二个家。古人云："一屋不扫，何以扫天下。"我们要从身边的小事做起，保护环境。

苏霍姆林斯基说："用环境，用学生自己创造的周围情景，用丰富集体精神生活的一切东西进行教育，就是教育过程中最微妙的领域之一。"学生自己创设干净、简洁、健康的成长环境对于促进其德智体美劳全面发展具有重要的意义。环境包括硬环境（班级卫生、班级布置、规章制度等）和软环境（人际关系、管理方式等）。硬环境主要指班级的干净整洁，井然有序。这样的环境可以让学生平心静气，减少杂乱环境的干扰，有利于学生的学习和生活。这个环境需要班主任引领学生进行创设，并逐渐形成常态和习惯。这也是对学生进行"劳"和"美"的教育。

"00"后的孩子生活在一个相对优越的环境中，多数孩子很少或者干脆不做家务。初一刚入学，学生有为班级做贡献的热情，但是缺少基本的劳动技能，这就需要班主任手把手教会学生。这个时候我通常召开一次主题班会，主题为"我是班级的主人"。然后让学生指出班级日常生活中有哪些劳动工作需要每天进行，哪些劳动工作需要定期进行。经过仔细观察和讨论，学生们能够指出班级的地面卫生、黑板卫生、班级垃圾等是需要每天完成的劳动工作。窗台卫生、书柜、讲桌、前后门玻璃和玻璃窗等需要定期打扫。劳动工作明确后，经过讨论集体表决，女生负责黑板的清洁，男生负责班级垃圾的倾倒，其他日常劳动工作由值日小组每日认真完成。鉴于学生动手能力差、缺少劳动技能的情况，我会在必要的时候指导学生完成劳动。有一次，班级前门玻璃有手指印，我随机找了一个男同学擦玻璃。从他的动作我能推断出他从来没有擦过玻璃。我告诉他先对着污渍哈一下气然后再擦效果很好。他不知道怎么哈气，我就教到他会为止。后来这位同学主动承担了前后门玻璃的清洁工作，每次都擦得光可照人。

在制订班纪时，我注重奖惩分明。我们会每周组织"班级之星"评选，对于遵守规则的学生给予表扬和小奖励，如一本精美的笔记本或者一支漂亮的笔。而对于违反规则的同学，我们也有相应的惩罚措施，但绝不是体罚，而是让他们为班级做一些有益的事情，比如为大家讲解一道数学题或者分享一篇有意义的文章，以此来弥补自己的过失并从中学习成长。

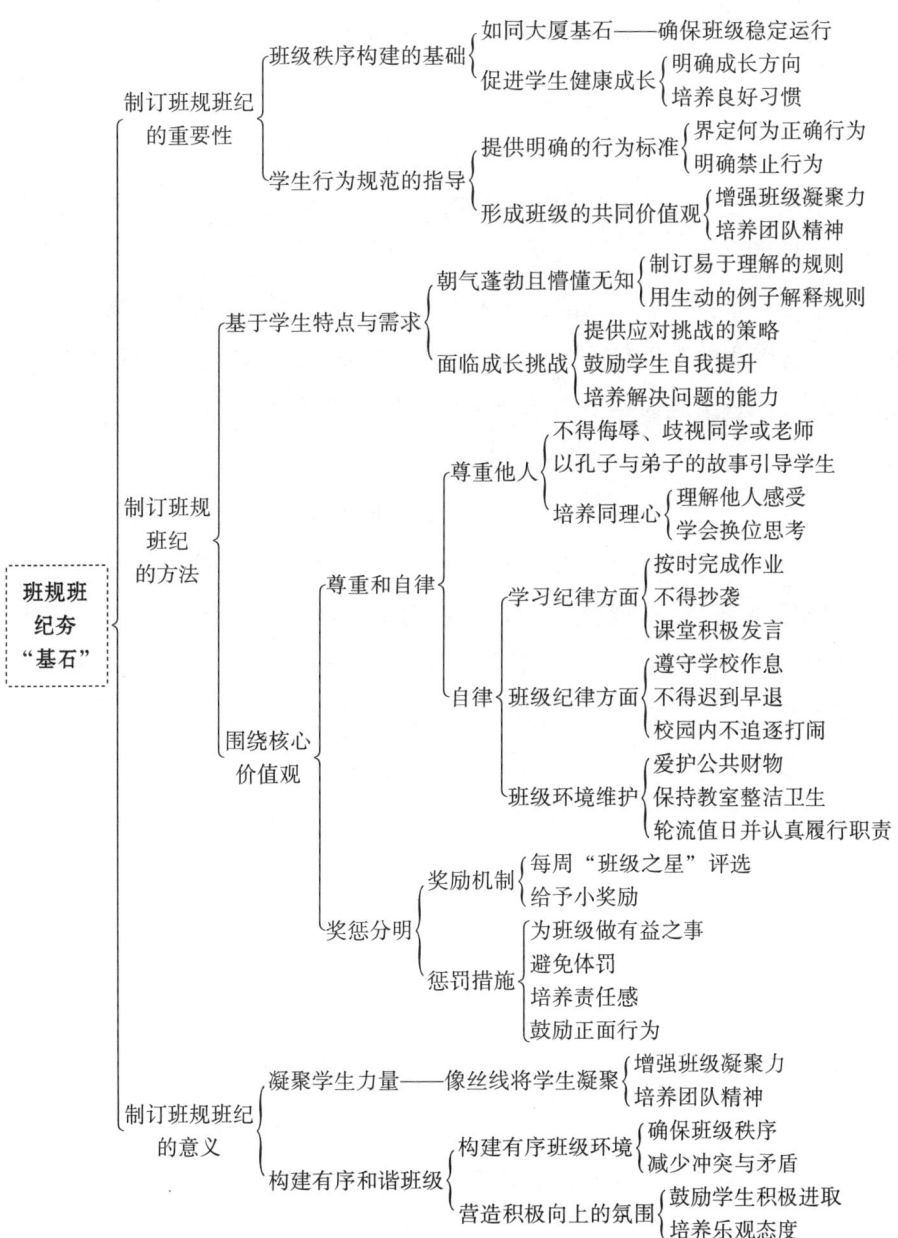

这些班规班纪就像一条条无形的丝线，将孩子们的心紧紧地编织在一起，构建一个有序、和谐、积极向上的班级。在这个过程中，我也深刻体会到，规则的制订不仅是为了约束孩子们，还是为了引导他们走向更好的自己，让他们在规则的框架内自由地成长，就像在古代严格的师徒传承中，那些看似严苛的规矩背后，是老师对弟子们深沉的爱与期望。

（二）深谋班务事，远虑组班干

在班级管理的棋局中，班务的谋划如同布局，而班干的选拔与组织则是落子的关键。这是一项需要深谋远虑的工作，因为它关系到班级秩序的长期稳定与发展。

每接手一个新班级，我都会在开学前的假期里思考班务的规划。我会仔细研究班级学生的入学资料，了解他们的学习成绩、兴趣爱好、性格特点等。我深知，一个班级就像一个小社会，有着各种各样的角色需要有人扮演，而班干就是这个小社会的管理者和引领者。

在选拔班干时，我不会只看成绩。成绩固然重要，但一个优秀的班干更需要具备责任心、领导力、团队协作能力和良好的品德。我记得班级里有一个叫小阳的孩子，他的成绩并不是最突出的，但他为人热情、正直，在同学中有很高的威望。我观察到他在课间总是积极地组织同学们开展有益的活动，而且非常有责任心，答应的事情一定会做到。于是，我决定让他担任体育委员。刚开始，有些同学对我的这个决定表示怀疑，但我告诉他们，在古代，许多贤能之士并非一开始就以才学闻名，而是以品德和领导力被众人认可。就像刘备，他虽然在武艺和谋略上并非顶尖，但他以仁德和卓越的领导才能吸引了诸葛亮、关羽、张飞等众多贤才，成就了一番大业。

我在选拔班干时，还会注重多样性。一个班级需要不同类型的领导者，就像一个交响乐团需要各种乐器的配合一样。除了成绩好、组织能力强的同学担任班长、学习委员等重要职务外，我还会挑选那些细心、有耐心的同学担任生活委员，负责班级的物资管理和生活琐事；挑选有创意、擅长文艺的同学担任文艺委员，为班级的文化建设出谋划策。

在确定了班干人选后，我的工作并没有结束，而是刚刚开始。我深知，这些孩子虽然有一定的潜力，但他们毕竟缺乏管理经验。于是，我会对他们进行系统的培训。我会告诉班长如何协调各个班干之间的关系，如何处理班级中的突发矛盾；告诉学习委员如何组织学习小组，如何激发同学们的学习兴趣；告诉生活委员如何合理安排班级的卫生值日工作，如何管理班费等。

我还会定期召开班干会议，让他们汇报工作中的问题和成果。在这个过程中，我会给予他们充分的指导和支持。我告诉他们，班干就像古代的"将领"，要以身作则，要有担当。如果班干犯了错误，我也会一视同仁地进行批评教育，也会给予他们改进的机会。

通过深谋班务事，远虑组班干，我看到了班级秩序的逐渐建立。班干在自己的岗位上发挥着积极的作用，同学们也在他们的带领下更加自觉地遵守班级规则，积极参与班级活动。班级就像一艘大船，在经验丰富的舵手（班干）的引领下，朝着正确的方向航行，我则是在背后默默守望的领航员，看着他们一步步成长，心中满是欣慰与自豪。

（三）巧计设班制，慧心营班风

班风，是一个班级的灵魂所在，如同春风化雨，潜移默化地影响着每一个学生。巧妙地设计班级制度是营造良好班风的关键所在。

在我的班主任生涯中，我尝试过许多独特的班级制度设计，每一种都蕴含着我对教育的理解和对学生成长的期望。其中，"小组竞争制度"是我颇为得意的一项设计。

我会根据学生的综合情况，将全班同学分成若干个小组，每个小组都有不同层次的学生。这样的分组方式旨在让同学们学会互相帮助、共同进步。每个小组就像一个小小的团队，有共同的目标和任务。

在学习方面，我设立了小组积分制度。课堂上，小组成员积极回答问题、参与讨论可以为小组加分；课后，小组共同完成作业、互相辅导也能加分。如果有成员违反课堂纪律或者未完成作业，则会给小组扣分。我们每周都会统计各个小组的积分情况，积分最高的小组会得到奖励，比如可以优先选择本周的课外活动项目或者获得一次免写部分作业的特权。这种制度激发了同学们的团队荣誉感和竞争意识。他们不再仅仅关注自己的个人表现，而是更加注重小组的整体利益。这让我想起了古代的"家族制度"，家族中的成员荣辱与共，为了家族的兴盛而共同努力。在班级里，小组就像一个个小家族，同学们在竞争与合作中共同成长。

| 小组评价项目 | 具体细则 | 分值 | 每日得分记录 |
| --- | --- | --- | --- |
| 课堂表现 | 主动回答问题（回答正确） | +3 分/次 | |
| | 主动回答问题（回答错误但有思路） | +1 分/次 | |
| | 积极参与课堂讨论并提出建设性观点 | +2 分/次 | |
| | 被老师点名回答问题且回答正确 | +2 分/次 | |
| | 在课堂上帮助其他小组成员回答问题 | +1 分/次 | |
| | 违反课堂纪律（如讲话、做小动作等） | -2 分/次 | |
| 课后作业 | 小组全体成员按时完成作业且准确率高 | +5 分/次 | |
| | 小组内有成员未完成作业 | -3 分/人/次 | |
| | 小组内成员互相辅导作业，被辅导者成绩有明显提升 | +3 分/次 | |
| | 发现抄袭作业情况（小组内） | -5 分/次 | |
| 团队协作 | 小组共同完成一项额外的学习任务（如制作手抄报、研究性学习等） | +8—15 分（根据任务难度） | |
| | 小组内成员发生矛盾影响小组团结 | -5 分/次 | |
| | 小组主动向老师提出改进学习的建议并被采纳 | +5 分/次 | |
| 学习成果 | 小组整体在单元测试或考试中的平均分显著提高 | +10—20 分（根据进步幅度） | |
| | 小组内有成员在单科成绩上取得班级前 5 名 | +5 分/人/次 | |
| | 小组内成员在考试中有作弊行为 | -10 分/次 | |

续 表

| 小组评价项目 | 具体细则 | 分值 | 每日得分记录 |
|---|---|---|---|
| 每周汇总 | 本周小组总得分 | | |
| | 排名情况（与其他小组比较） | | |
| | 奖励（积分最高小组）：优先选择本周课外活动项目/获得一次免写部分作业特权 | | |

在品德培养方面，我们有"品德之星"评选制度。每个小组可以推荐本小组中在本周内品德优秀的同学，如乐于助人、诚实守信等。被推荐的同学会在班级的"品德之星"墙上贴上自己的照片和事迹简介。这一制度激励同学们在日常生活中注重自己的品德修养，营造了一种积极向上的道德氛围。

为了营造团结友爱的班风，我还设计了"班级互助日"制度。每个月会有一天被定为班级互助日，在这一天，同学们要主动帮助其他同学解决一个问题，可以是学习上的难题，也可以是生活中的困扰。这一制度让同学们学会关心他人，增强了班级的凝聚力。

在班级文化建设方面，我们有"班级文化传承者"制度。每个学期，同学们可以自荐或者推荐他人成为班级文化传承者。班级文化传承者要负责收集整理班级中学生的优秀事迹、感人故事，制作成班级文化手册，传承班级的精神文化。这就像古代史官记录历史一样，让班级的文化得以延续和发展。

这些班级制度的设计，都是我慧心的体现。我深知，良好的班风不是靠空洞的说教形成的，而是通过具体的制度引导，同学们在实践中去感受、去领悟。每一种制度都是一颗种子，在同学们的心中生根发芽，逐渐长成一片茂密的森林，那就是我们积极向上、团结友爱、充满活力的班风。在这个过程中，我也不断地调整和完善这些制度，因为班级就像一个有生命的个体，在不断地成长和变化，而我要做的就是用心去呵护它，让它在良好的班风的滋养下茁壮成长。

## 二、执行纪律，秩序井然

（一）严规束言行，明纪正学风

在多年的教育生涯中，我深刻地认识到严格的规则对于约束学生言行、端正学风有着不可替代的作用。

每接手一个新班级，我都会在开学之初就通过班级集体讨论的方式，将班级的各项规章制度明确地告知学生。这些规章制度就像是一条条清晰的轨道，引导着学生们在求知的道路上前行。我记得班级里有个叫小 H 的孩子，他生性活泼好动，刚入学时总是在课堂上随意讲话，扰乱课堂秩序。这不仅影响了他自己的学习，还分散了其他同学的注意力。我深知，若不及时纠正，班级中可能会形成不良的风气。

于是，我找小 H 单独谈话。我没有严厉批评他，而是先给他讲了一个古代的故事。我告诉他，在古代的学府里，学子们都遵循着严格的礼仪和纪律。就像汉代的太学，学子们在课堂上必须正襟危坐，专心听讲，因为他们深知学问的珍贵，不容许有丝毫的懈怠。我对小 H 说："我们现在的课堂也是一样，每个同学都有权利在安静的环境中学习知识，你的随意讲话就像是在平静的湖面上投下了石子，打破了这份宁静。"小 H 听后，若有所思。

从那以后，我更加注重在班级里强调纪律的严肃性。课堂上，我要求学生们必须遵守"举手发言"的规则，不得随意打断老师或同学的讲话。对于违反这一规则的同学，我会给予温和的提醒，如果多次违反，就会有相应的小惩罚，比如课后留下来帮老师整理教具或者为班级做一件小小的好事。这并不是为了惩罚而惩罚，而是让他们明白，规则是需要被尊重的。

在作业方面，我也有严格的要求。我规定作业必须按时、认真地完成，不得抄袭。我常常对学生们说："作业就像是你们攀登知识高峰的阶梯，每一步都需要自己踏踏实实地走。"我会认真检查每一个学生的作业，一旦发现抄袭的情况，就会单独与该学生谈话，了解原因，并要求他们重新独立完成作业。这让我想起古代学子们为了求取功名，日夜苦读，他们对待学问的态度是如此的虔诚。我们现在的学生也应该以他们为榜样，端正自己的学习态度。

除了课堂纪律和作业要求,在考试纪律方面我更是毫不含糊。每次考试前,我都会严肃地向学生们强调诚信考试的重要性。我告诉他们,考试是检验自己学习成果的方式,就像古代的科举考试一样,那是学子们展现自己才华和品德的舞台。一旦发现作弊行为,我会按照规定给予严肃的处理。

　　在我的严格要求下,班级里逐渐形成了一种严谨的学风。学生们开始意识到,学习是一件需要认真对待的事情,纪律是保障他们学习的重要条件。他们不再随意放纵自己的言行,而是学会了自我约束。我看到了他们在课堂上专注的眼神,看到了他们对待作业认真的态度,这让我感到无比欣慰。因为我知道,这些年轻的心灵正在朝着正确的方向成长,而我所制订的严格规则就像一盏明灯,照亮了他们前行的道路。

### (二) 强制导秩序,善制促团结

　　在班级管理中,强制力是构建秩序的一种必要手段,但这种强制并非冷酷无情,而是要通过良好的制度设计促进班级的团结。

　　曾经,我所带的班级里出现过一些小团体现象,这些小团体之间有时会产生矛盾和摩擦,影响班级的和谐氛围。我意识到,必须通过一些强制的手段引导班级秩序朝着团结的方向发展。

　　我首先制订了一项制度,要求班级里的各项活动必须以小组为单位进行,每个小组都要由不同类型的学生组成,包括成绩好的、成绩中等的和成绩稍差的,性格外向的和性格内向的。这样做的目的是打破原有的小团体界限,让学生们在新的团队中相互了解、相互合作。

　　刚开始实施这项制度的时候,有些学生并不理解,甚至有些抵触。但我坚定地执行下去,因为我知道,这是为了班级的长远发展。我就像一个领航员,我们的船虽然有时候会遇到风浪,但必须坚定地朝着目标前行。

　　有一次,学校组织了一场知识竞赛活动,我要求每个小组都派出代表参加。在准备过程中,小组成员们不得不共同学习、互相讨论。我看到原本互不往来的学生们坐在一起认真地研究问题。其中有一个小组,成员之间曾经有过矛盾,但在这次活动中,他们为了小组的荣誉,放下了成见,积极地出谋划策。当他们在竞赛中取得了好成绩时,我看到了他们脸上洋溢着的喜悦和自豪，更看到了他们之间眼神交流中的那种信任和团结。

我还规定，在班级里，任何同学之间发生矛盾都必须首先向班干部报告，由班干部进行调解，如果矛盾无法解决，再由我来处理。制订这一制度的目的是培养学生们自己解决问题的能力，同时避免了矛盾的进一步升级。

在执行这一制度的过程中，我也遇到过一些挑战。有一次，两个同学因为一点儿小事发生了激烈的争吵，班干部调解无果后向我报告。我并没有立刻批评他们，而是先让他们冷静下来，然后分别听取他们的想法。我告诉他们，在古代，邻里之间都讲究和睦相处，"远亲不如近邻"，在我们的班级里，同学们就像兄弟姐妹一样，更应该互相包容。最后，这两个同学认识到了自己的错误，互相道歉，握手言和。

通过这些强制的制度，我看到了班级秩序的逐渐改善。学生们不再各自为政，而是学会了在集体中相互合作、相互包容。这种团结的力量就像一股暖流，流淌在班级的每一个角落。我深知，一个团结的班级就像一个坚固的堡垒，能够抵御各种困难和挑战，而我要做的就是用这些制度为这个堡垒添砖加瓦。

（三）良规护班级，优纪保和谐

我始终坚信良好的规则和纪律是保护班级、保障和谐氛围的坚实护盾。我所带的一个班级曾经有一段时间，班级里的财物损坏现象比较严重。课桌椅上常常会出现一些划痕，教室的门窗也偶尔会被弄坏。这不仅造成了学校财产的损失，还影响了班级的整体形象。我意识到，必须制订相关的规则来保护班级的财物。

我在班级里组织了一场关于爱护班级财物的讨论。我先给学生们讲了古代仁人志士珍惜物力的故事。比如，诸葛亮一生廉洁奉公，他所使用的物品都极为简朴，即使是在军中，也要求士兵们珍惜每一件物资。我告诉学生们，班级里的每一件财物都是大家学习和生活的工具，就像古代士兵的武器一样重要。

之后，我们制订了"爱护班级财物，人人有责"的规则。规定如果发现故意损坏财物的行为，要照价赔偿，并且要为班级做一周的值日工作。同时，我还设立了"班级财物管理员"这一岗位，由同学们轮流担任。管理员的职责是每天检查班级财物的状况,及时发现问题并向我报告。

这一规则实施后,班级财物损坏的现象明显减少了。学生们开始自觉地爱护身边的一切,他们会小心地使用课桌椅,轻开轻关门窗。这让我看到了规则的力量,它就像一个无声的守护者,保护着班级的每一个角落。

在班级人际关系方面,为了保持和谐的氛围,我也制订了一些纪律。我要求学生们在与他人交流时要使用文明礼貌的语言,不得说脏话或进行恶意的嘲讽。我常常对学生们说:"言语就像一把双刃剑,善用则能增进友谊,恶用则会伤害他人。"

有一次,我听到有同学在课间使用不文明的语言互相调侃,我立刻制止了他们。我没有大声呵斥他们,而是耐心地跟他们解释这种行为的不良影响。我告诉他们,在古代,君子之间的交流都是彬彬有礼的,我们作为现代的学生更应该传承这种文明。

我还规定,在班级里不得传播谣言或挑拨同学之间的关系。一旦发现这种情况,就要在班级里公开道歉。这一纪律的制订是为了避免出现一些不必要的矛盾和纠纷。

这些优良的规则和纪律使班级里始终保持着一种和谐的氛围。学生们在一个温馨、有序的环境中学习和生活,他们之间的关系也变得更加融洽。我看到他们在课间一起欢笑、一起讨论问题,这种和谐的画面就像一幅美丽的画卷,让我这个班主任感到无比的幸福。因为我知道,我所努力营造的这个班级环境正在滋养着每一个学生的心灵,让他们健康快乐地成长。

## 三、奖惩分明,公平公正

### (一)公心评优劣,正心赏罚明

管理班级的过程,犹如在一片广袤无垠、充满未知挑战的教育原野上艰难跋涉。我深刻地领悟到,以一颗公心去评判学生的优劣,以正心做到赏罚分明,是构建良好班级秩序的重要基石。

公心,是一种不偏不倚、毫无杂念的公正之心。每个学生都是一颗独特的星辰,他们在学习能力、性格特点、兴趣爱好等诸多方面存在差异。公心要求班主任摒弃个人的喜好、偏见以及先入为主的观念。不能因为某个学生成绩优异就忽视其品德上的瑕疵，也不能因为某个学生成绩暂时落后就否定他在其他方面的努力与闪光点。就如同阳光普照大地，不会因为山川的高低、草木的美丑而有所偏袒。

正心，则是秉持正义、遵循正道的心性。赏罚分明并非简单地给予奖励或惩罚，而是要在正确的价值观引导下，让赏罚成为一种积极的教育手段。赏，要赏得光明磊落，让学生明白何种行为值得推崇，是对积极向上、善良友爱、努力进取等美好品质的肯定；罚，要罚得合情合理，让学生清楚不良行为的界限，是对违反纪律、伤害他人、消极怠惰等行为的纠正。唯有如此，才能在班级中树立起公正的标杆，如同灯塔在茫茫大海中为船只指引方向，引导学生走向积极健康的成长之路，构建起井然有序的班级秩序。

"公生明，偏生暗。"这一古老的智慧名言如同一盏明灯，始终照亮着我班主任工作的道路。每一个学生都是独一无二的个体，他们有着各自的优点和不足，而作为班主任，我必须秉持公正的态度去发现和评价每一个学生的优点和不足。

小A给我的印象比较深刻，他成绩并不出众，在班级里总是默默无言，甚至有些自卑。然而，在一次学校组织的志愿者活动中，他却展现出了极大的热情和责任心。他主动承担了最累的工作，帮助那些行动不便的老人搬运物品、打扫卫生，忙前忙后，毫无怨言。这一行为让我看到了他那颗善良而又充满责任感的心。当时，我就在心里想，我们不能仅仅以成绩来评判一个学生的优劣。

回校后，我在班级里表扬了小A。我对同学们说："我们常常说要成为一个全面发展的人，成绩固然重要，但像小A同学这样具有高尚品德和强烈社会责任感的品质同样值得我们称赞。"我引用了孔子的话："弟子入则孝，出则悌，谨而信，泛爱众，而亲仁。行有余力，则以学文。"意思是说，一个人首先要培养良好的品德，然后才是学习文化知识。小A同学在品德方面为我们树立了一个很好的榜样。这一次的表扬，让小A多了一份自信，他开始更加积极地参与班级事务，与同学们的交流也逐渐增多。

而与之相反的是，班级里也有成绩较好但纪律性较差的学生。例如小Z，他的学习成绩在班级名列前茅，但他经常在课堂上违反纪律，影响他人学习。对于他的这种行为，我不能因为他成绩好就视而不见。我找他谈话，严肃地指出他的错误，并按照班级的规定给予了他相应的惩罚，让他在课间为同学们讲解一道数学难题，以此作为对他扰乱课堂秩序的惩罚。我告诉他："古之学者为己，今之学者为人。你有优秀的学习能力，应该用在提升自己和帮助他人上，而不是破坏课堂秩序。"这一惩罚让他认识到，在班级里，无论是谁，都要遵守规则，成绩不能成为违反纪律的挡箭牌。

通过这样的赏罚分明，我在班级里营造了一种积极向上的氛围。学生们明白，只要他们在某一方面表现优秀，无论是学业、品德还是其他方面，都会得到老师的认可和表扬；同时，只要违反了班级的规定，就必然会受到相应的惩罚。这种公正的评判体系就像一架精准的天平，衡量着每一个学生的行为，激励着他们向着更好的方向发展。

（二）平心待众生，直心处事公

在班主任工作中，以平心对待每一个学生，用直心处事公正，是我一直坚守的原则。"海不择细流，故能成其大；山不拒细壤，方能就其高。"每一个学生都是班级这个大家庭中的一员，无论他们的家庭背景、学习成绩或者性格如何，都应该得到平等的对待。

著名教育家魏书生老师的教育理念和事迹就如同一盏明灯，照亮着我前行的道路。魏书生老师在班级管理中始终秉持平心与直心。他的班级里，学生们有着各种各样的特点和差异，但他从不因学生的出身、天赋的高低而区别对待他们。

就像在他的班级组织的活动中，无论是擅长文艺的学生，还是对文艺一窍不通但在其他方面有特长的学生，都能找到自己的位置。他会根据每个学生的特点安排任务，不会因为某个学生在传统意义上的"优秀"就给予特殊关照，也不会因为某个学生暂时的不足而忽视他的价值。例如，在一次班级的校园文化建设活动中，擅长绘画的学生积极参与黑板报的绘制，擅长组织协调的学生则负责安排工作流程、准备材料等事务。有一些在学习成绩方面表现平平，但动手能力强的学生，魏书生老师就让他们负责制作一些手工装饰品。在这个过程中,每个学生都感受到了自己被平等对待,自己的价值被认可。

在处理学生之间的矛盾时,魏书生老师也展现出"直心处事公"的态度。他曾讲述过这样一个例子,班级里有两个学生发生了冲突,一个是学习成绩一直名列前茅的学生,另一个是成绩中等但在体育方面很有天赋的学生。他们因为一次班级竞赛的组队问题产生了矛盾,成绩好的学生想让所有成绩好的同学在一组,认为这样获胜的概率更大,而体育好的学生觉得这样不公平,每个组都应该有不同类型的同学,这样才能全面发展。魏书生老师了解情况后,告诉学生们:"班级就像一个生态系统,每一种生物都有其存在的意义,每一个同学也都有独特的价值。我们不能仅仅以成绩或者某一方面的能力来评判一个人在团队中的作用。"他公正地协调了组队的方案,让每个组都有不同能力层次的学生,让学生们明白在集体中平等与合作的重要性。

我在自己的班级管理中也努力践行这样的理念。有一次,班级里要进行一次小组合作的项目式学习。小组分组后,有一个小组出现了不和谐的声音。这个小组里有成绩优异、经常被老师表扬的小 A,还有成绩不太理想但思维活跃、点子很多的小 B。小 A 总是想主导小组的讨论和决策,小 B 觉得自己的想法没有得到尊重。我得知这个情况后,就像魏书生老师那样,平等地对待每一个学生的想法和感受。我告诉他们:"在这个小组里,没有谁是绝对的主导者,就像一个机器,每个零件都不可或缺。小 A 你的知识储备丰富,这是小组的财富,小 B 你的创新思维也是小组前进的动力。"我引导他们重新调整了小组合作的方式,让每个成员都能充分发挥自己的优势。

这种"平心待众生,直心处事公"的态度,如同阳光雨露,洒在班级的每一个角落。每一个学生都在这个充满尊重和公平的环境中,感受到自己是班级这个大家庭中重要的一员。他们就像茁壮成长的幼苗,在这片肥沃的公平土壤里汲取着养分,向着阳光健康地成长。这种公平的环境不仅促进了学生的个体发展,还让班级充满了积极向上的活力,大家齐心协力向着共同的目标前进。

(三)廉心守公正,洁心护班宁

"廉者,政之本也。"在班级管理中,我以廉心坚守公正,用洁心维护班级的安宁。廉洁公正不仅仅是在物质方面的不偏私，还是在精神层面上的一视同仁。

曾经有一次，学校评选优秀学生代表，这个荣誉不仅代表着个人的优秀，还能在学校的各项活动中起到模范带头作用。班级里有好几个学生都有资格参与评选，其中包括一个和我关系比较亲近的学生家长的孩子小F。小F在学习和品德方面表现都不错，但其他几个候选人也各有千秋。

在评选过程中，我严格按照评选标准来进行。我把每一个候选人的优点和不足都清晰地列了出来，然后让同学们进行投票。有些老师可能会因为人情关系而倾向于某个学生，但我深知，这种行为会破坏班级的公正氛围。我就像一个守护公正的卫士，不容许任何不公平的因素干扰评选结果。

最终，另一个学生小D以微弱的优势当选。小F虽然有些失落，但他表示理解。我对他说："这次评选是大家公平投票的结果，你也有很多优秀的地方，我们要尊重这个结果，并且继续努力。"我用这种方式向学生们传达了公正的重要性。

在班级的日常管理中，我也坚决抵制任何形式的偏袒和不公。比如在安排座位的时候，我不会因为某个学生家长的特殊要求或者某个学生的特殊身份而给予特殊待遇。我根据学生的身高、视力以及性格互补等因素进行合理安排。有一次，一个家长找到我，希望我能把他的孩子安排在教室的前排中间位置，理由是孩子视力不太好。我经过调查了解到，这个孩子的视力其实并没有家长所说的那么差，而且按照班级的座位轮换制度，他也还没有轮到前排的机会。我耐心地向家长解释了班级的座位安排原则，家长最终也理解了我的做法。

我的这种"廉心守公正、洁心护班宁"的做法，让班级里充满了一种清正廉洁的风气。学生们信任我这个班主任，他们知道在这个班级里一切都是公平公正的。这种信任就像一股强大的凝聚力，把班级里的每一个学生都紧紧地团结在一起，营造了一个安宁和谐的班级环境。在这个环境中，学生们可以安心地学习、快乐地成长，我也在这个过程中收获了满满的幸福和成就感。

# 第四章　齐心家校——共育桥梁之搭建

在家校紧密合作、信息互通、资源共享的过程中，学生在家庭和学校的双重呵护下茁壮成长。但在班级这个大集体中，有一些特殊的学生，他们如同独特的花朵，需要特别的关怀。我们要以仁心待异，关注特殊学生，给予他们个别帮扶，挖掘他们的潜能，让每一个学生都能在班级的花园里绽放属于自己的光芒。

## 一、家校初联，信息互通

### （一）诚心邀家长，真心话教育

在班主任工作的漫漫征途中，与家长建立紧密的联系是至关重要的一环。就如同苏联教育家苏霍姆林斯基所说："没有家庭教育的学校教育和没有学校教育的家庭教育，都不可能完成培养人这样一个极其细微的任务。"这深刻地揭示了家校合作的不可或缺性。

为了开启与家长的深度沟通，我诚心地邀请几位家长参加一场特别的"沙龙"对话。在布置温馨的教室里，家长们带着些许期待与好奇入座。

我开场说道："各位家长，今天我们相聚于此，就像一群志同道合的旅者，目的地是孩子们美好的未来。教育，不是学校单方面的战斗，而是我们共同的使命。"家长们纷纷点头，表示认同。

一位家长首先提出困惑："老师，我家孩子在学习上总是很懒散，催一下动一下，怎么办呢？"我微笑着回答："这是很多孩子都会面临的问题。从教育心理学的角度看，孩子缺乏内在驱动力。我们不能只靠外在的催促，而是要激发他们对知识本身的兴趣。比如，您可以尝试和孩子一起阅读有趣的科普书籍，像法布尔的《昆虫记》，让孩子在趣味中感受知识的魅力，逐步建立起自主学习的意识。"

另一位家长分享道："我家孩子性格内向，在学校好像没什么朋友。"我回应道："孩子的社交能力需要我们共同培养。阿德勒说过，人的一切烦恼皆源于人际关系。我们要给孩子创造更多社交的机会。在学校，我会鼓励同学们开展小组活动，让您的孩子参与其中。在家里，您可以邀请孩子的同学来家里做客，让孩子在熟悉的环境中学会与人相处。"

还有家长担心孩子的品德教育："现在社会诱惑太多，我怕孩子学坏。"我坚定地说："品德教育是根基。孔子云：'其身正，不令而行；其身不正，虽令不从。'家长和老师都要以身作则。在学校，我们通过主题班会、品德课程等多种方式对孩子进行正面引导；在家里，家长要注重言传身教，向孩子传递积极的价值观。"

这场沙龙就像一座桥梁，让我和家长们的心靠得更近，也为家校共育奠定了坚实的基础。

（二）热心迎访客，全心述学情

当家长踏入校园，踏入我这一方小小的班主任办公室时，我总是怀着一颗热心去迎接他们。因为我深知，每一位家长的到来，都是对孩子教育的深切关注，都是对家校合作的积极响应。

每一次家长来访，就像是一场心与心的交接仪式。我会以最饱满的热情，最诚挚的态度，向家长述说着孩子在学校的学情。这不仅仅是简单地汇报成绩，还是深入剖析孩子的成长轨迹。

曾经有一位家长来学校了解孩子的情况。他的孩子在班级里成绩处于中游，平时表现也不算突出。我并没有简单地告知他孩子的分数和排名，而是从多个维度进行阐述。我引用了加德纳的多元智能理论，对家长说："您知道吗，您的孩子虽然在传统的学业成绩上没有特别耀眼之处，但是他在人际智能方面有着独特的潜力。在学校里，他总是能够敏锐地察觉到同学们的情绪变化，并且善于协调同学们之间的关系。这是一种非常宝贵的能力。"

我接着详细讲述了孩子在课堂上的表现："在语文课上，他的作文虽然文采不是最出众的，但他的观点总是独树一帜，充满了对生活细致的观察和思考。这说明他有着很强的内省智能。我们不能仅仅用成绩这一把尺子来衡量孩子的全部。"

我还分享了孩子在学校活动中的表现："在学校组织的科技节上，他积极参与小组的项目，虽然在技术操作上不是最熟练的，但他的创意点子为整个小组带来了新的思路。这展现了他的创新能力，这也是他未来发展的重要潜力。"

家长听后，眼中满是惊喜和欣慰。他感慨地说："老师，我以前只看到他的成绩，总是很焦虑，现在听您这么一说，我才发现我的孩子原来有这么多闪光点。"通过这样全心的学情叙述，家长对孩子有了更全面的认识，也更加明确了如何在家中给予孩子合适的支持和引导。

（三）耐心解疑惑，齐心谋发展

在班主任与家长的互动中，家长必然会有各种各样的疑惑。而作为班主任，耐心地解答这些疑惑，是构建家校共育桥梁的关键。

从教育社会学的角度来看，家庭和学校是孩子成长的两大主要社会环境，二者相互补充、相互影响。家长的疑惑往往源于他们对孩子成长过程中的期望、对教育目标的理解以及对孩子在学校表现的关注。班主任作为学校教育的直接实施者，掌握着孩子在学校学习、社交等多方面的一手信息，有责任也有义务为家长答疑解惑。

著名教育家夸美纽斯曾说："教师是太阳底下最光辉的职业。"这一光辉不仅体现在对学生知识的传授上，还体现在与家长的沟通协作中。当家长带着疑惑前来时，班主任的耐心解答就如同灯塔，为家长在孩子的教育的迷茫之海中指引方向。这一过程也是一种教育信息的传递与共享的过程，有助于家长更好地理解学校的教育理念、教育方法，使家庭教育与学校教育保持同向同行。这也是一种信任的建立过程。根据社会交换理论，家长付出信任向班主任寻求帮助，班主任以耐心解答回应，这种积极的互动会加深彼此间的信任，进一步巩固家校共育的合作关系，为孩子的全面发展奠定坚实的基础。

有一次，一位家长忧心忡忡地找到我，他说："老师，我发现孩子最近沉迷手机游戏，我怎么说他都不听，该怎么办呢？"我首先安抚家长的情绪，告诉他这是一个现代教育中普遍面临的问题。我引用了蒙台梭利的教育思想：儿童是一个发育着的机体和发展着的心灵，儿童发展的时期是人的一生中最重要的时期。孩子在这个时期对新鲜事物充满好奇，手机游戏的吸引力对他们来说是巨大的。

我耐心地给家长提出建议："我们不能单纯地禁止，而是要引导。您可以和孩子一起制订规则，比如规定每天玩游戏的时间。同时，要给孩子提供更多有趣且有益的替代活动。例如，带孩子去参加户外运动，像卢梭倡导的自然教育一样，让孩子在大自然中释放精力，感受自然的美好。也可以鼓励孩子参加一些兴趣小组，如绘画、书法等，转移他对手机游戏的注意力。"

还有家长询问关于孩子青春期叛逆的问题。我给家长讲述了陶行知先生三颗糖的故事。陶行知先生用三颗糖教育了一个打架的孩子，这启示我们在教育孩子时要看到他们的积极面。我对家长说："孩子在青春期叛逆，其实是他们自我意识觉醒的表现。我们要尊重孩子的想法，在不违背原则的基础上，给予他们一定的自主权。当孩子和您发生冲突时，不要急于批评，而是要先倾听他的心声，然后再温和地表达您的观点。"

通过这样耐心地解答家长的疑惑，班主任和家长能够齐心朝着孩子更好发展的方向努力。家长不再独自面对教育孩子的难题，而我也能从家长那里得到更多关于孩子的信息，从而更精准地在学校对孩子进行教育。家校齐心，就像两把桨，共同划动着孩子成长的小船，向着充满希望的未来前行。

## 二、深入合作，资源共享

### （一）积极传理念，主动通信息

在教育的宏大版图中，家校深入合作的第一步便是积极传递教育理念并主动沟通信息。教育理念如同灯塔，为教育行为指引方向。古希腊哲学家柏拉图在其《理想国》中就强调教育应是全面的、有规划的。这一理念贯穿古今，影响着我们对教育的认知。家庭和学校作为孩子成长的两个关键环境，各自秉持的教育理念需要相互交融、补充。

班主任作为学校教育理念的传播者，其角色至关重要。从社会学的角度看，家庭是社会的基本细胞，家庭的教育理念往往带有浓厚的家族文化和个体价值观色彩；学校的教育理念则更多基于教育科学理论和社会整体的教育需求。二者的融合能够为孩子创造一个更加全面、和谐的成长环境。信息的沟通是实现理念传递的基础。信息就像连接家校的丝线，将双方的想法、期望和资源串联起来。只有保持信息的畅通，才能避免教育过程中的误解和盲区，让家校双方在孩子的教育问题上达成共识，形成合力。

在我的班主任工作生涯中，有这样一个深刻的例子。班上有个叫小E的孩子，他的家庭非常注重传统的知识灌输式教育，认为孩子只要成绩好就万事大吉。而我在班级中推行的是全面发展的教育理念，注重培养孩子的综合素质，包括社交能力、创造力和实践能力等。一开始，小E在学校的一些实践活动中表现得很不积极，我发现这与他家庭的教育理念有很大关系。于是，我主动与小E的家长取得联系，邀请他们到学校参加一场关于现代教育理念的讲座。讲座中，专家详细阐述了现代社会对人才的需求，不仅仅是知识的储备，更重要的是创新思维和实践能力的培养。之后，我又与小E的家长进行了深入的交谈，我向他们讲述了一些教育实例，比如美国的一些学校注重学生在项目式学习中的成长，通过实际操作和团队协作来提升学生的综合能力。我还提到了陶行知先生的"生活即教育"理念，强调教育应该与生活紧密相连。慢慢地，小E的家长开始理解并接受了我的教育理念。他们开始鼓励小E积极参与学校的各种活动，小E也逐渐变得开朗、自信起来，在学校组织的科技小发明比赛中还获得了奖项。在这个过程中，积极传递教育理念并主动沟通信息，就像一把钥匙，打开了小E成长的新大门，也让家校之间的合作更加紧密、和谐。

（二）踊跃搭桥梁，热情连家校

踊跃搭建家校之间的桥梁，热情地连接家校双方，这是深入家校合作的核心环节。德国教育家福禄贝尔说："学校必须与家庭取得联系。家庭生活和学校生活之间的一致，是儿童时期完善教育的首要和不可少的条件。"这一观点深刻地揭示了家校联系的必要性。搭建家校之间桥梁的过程，从心理学角度来看，是建立家校双方情感联系和信任关系的过程。家庭和学校就像孩子成长的两个港湾，只有通过稳固的桥梁连接，孩子在两个港湾之间的航行才会顺畅。班主任作为这座桥梁的搭建者，需要充分发挥主观能动性。

一方面，班主任要深入了解学生家庭的教育资源和家长的期望。家庭的教育资源是多元的，包括家长的职业背景、文化素养、社会关系等，这些资源都有可能转化为孩子成长的助力；另一方面，班主任要将学校的教育资源向家庭开放，如学校的师资力量、教学设施、课程体系等。这种资源共享和情感连接能够让家校双方在孩子的教育问题上形成有机的整体，共同为孩子的成长提供全方位的支持。

我记得有一年，学校组织了一场亲子阅读活动。在筹备这个活动的过程中，我深刻体会到了搭建家校之间桥梁的重要性。我的班上有个孩子叫小G，她的妈妈是一位文学编辑，家里有丰富的藏书。我了解到这个情况后，主动与小G妈妈沟通，希望她能在亲子阅读活动中发挥独特的作用。小G妈妈非常热情地答应了，她不仅为活动提供了很多适合不同年龄段孩子阅读的书籍，还与家长们分享了如何引导孩子进行深度阅读的经验。在活动中，小G妈妈的专业讲解和丰富的书籍资源吸引了很多家长和孩子。学校也开放了图书馆资源，为活动提供了场地支持，并安排了语文老师进行阅读指导。通过这次活动，家长们对学校的教育资源有了更深入的了解，学校也与家庭建立了更紧密的联系。小G在这次活动后，对阅读的兴趣更加浓厚了，她和妈妈的关系也变得更加亲密。这就是踊跃搭建桥梁、热情连接家校所带来的积极效果。它让家庭和学校的资源得到了充分的整合，为孩子创造了一个充满爱与知识的成长环境。

(三) 努力创平台，齐心促共育

努力创建家校共育的平台，齐心促进孩子的全面发展，这是家校合作的高级形态。美国教育家杜威提出"教育即生活""学校即社会"的观点，强调教育要与生活实际相结合，学校要成为一个小型的社会。从这个角度看，创建家校共育平台就是将家庭和学校这两个不同的"社会环境"有机融合，为孩子提供一个更加真实、丰富的成长空间。在这个平台上，家庭和学校可以共同开展各种教育活动，整合双方的教育资源、教育理念和教育方法。从教育学的多元智能理论出发，每个孩子都有不同的智能优势，家校共育平台能够提供多样化的教育机会，满足不同孩子的发展需求。同时，创建这样的平台也是构建学习型社会的微观体现。家庭和学校是社会的基本组成部分，共育平台的搭建可以促进双方不断学习、不断进步，提升教育的质量和效果。这一过程需要家校双方齐心合力，以孩子的成长为共同目标，充分发挥各自的优势，克服可能遇到的困难。

在我的班主任工作中，有一个成功创建家校共育平台的例子。为了提高孩子们的综合素质，特别是艺术修养和团队协作能力，我和家长们共同创建了一个名为"艺术与成长"的家校共育平台。这个平台整合了学校的艺术课程资源和家长中的艺术人才资源。我们组织了一系列的活动，如戏剧表演、绘画展览等。在戏剧表演活动中，学校的音乐老师和美术老师负责指导孩子们的表演技巧和舞台布置，家长们则发挥各自的特长。有的家长是服装设计师，为孩子们设计精美的演出服装；有的家长是化妆师，为孩子们打造适合角色的妆容；还有的家长是摄影师，为孩子们记录下精彩的瞬间。通过这个平台，孩子们不仅在艺术方面得到了很好的锻炼，还学会了如何与他人合作。

家长们在这个过程中也更加深入地了解了学校的教育工作，与学校的关系更加融洽。这个"艺术与成长"平台就像一个温暖的大家庭，让家庭和学校齐心携手，共同为孩子们的成长注入了强大的动力，促进了孩子们在艺术素养、社交能力等方面的全面发展。

### 三、携手共进，共育新苗

（一）家校同携手，师生共奋进

在家校合作的宏大叙事中，"家校同携手，师生共奋进"犹如一曲和谐的交响乐。苏霍姆林斯基说，最完备的教育是学校与家庭的合作。这一理念深刻地揭示了家校携手在教育过程中的不可或缺性。学校是知识的殿堂，教师是知识的传播者；家庭是孩子心灵的港湾，家长是孩子成长的守护者。当二者携手时，就如同为孩子的成长之路点亮了两盏明灯。从教育生态学的角度看，孩子的成长环境是一个生态系统，家庭和学校是这个生态系统中的两个关键生态因子。二者相互依存、相互影响。

教师在学校给予学生知识的灌溉、品德的培育，而家长在家庭中给予孩子情感的滋养、价值观的引导。只有当这两股力量朝着同一个方向使劲时，孩子才能在成长的道路上稳步前行。这种携手还能营造一种积极向上的教育氛围，激发师生共同奋进。教师会因为家长的支持而更有动力去挖掘学生的潜力，学生也会因为家庭和学校的双重鼓励而更积极地追求进步。

小 G 同学入学考试成绩很不理想，基础很糟糕，而且课间特别喜欢疯闹。军训结束后，为了让他尽快地融入班集体，找到存在感，我安排他第一个上台谈谈自己军训的感受。他说军训让他知道了纪律的重要性，也意识到班级荣誉感的重要性。我把小 G 发言的照片发给他妈妈，他妈妈很高兴，也介绍了他在小学的表现。接下来的日子就是拉锯战。他的状态时好时坏。我就从他的兴趣爱好入手。他学过钢琴，学校二楼园厅有一架钢琴，有一天课间我看到他在弹，弹得还不错，我特意让他再弹一下，给他录一个视频，表扬他多才多艺。初一的暑假，学校分组进行科技探索活动，我特意安排他到小 M 同学的小组，让小 M 同学帮助他。活动很成功，研究报告还获得了学校的奖励，小 G 也起到了重要的作用。后来我就利用课余时间和他聊学习。慢慢地，他改掉了毛躁的习惯，行为越来越规范了。上网课期间，我特意安排小 G 同学负责眼保健操播放工作，他非常认真，圆满地完成了任务。他妈妈给我发信息说：您好卢老师，您辛苦了。上网课期间，孩子总体上有很大的进步，数语外上课认真听讲，就是还有几件事这段时间一直没有改变或解决：1. 在小科上，手懒不愿意写，学案好多没写。2. 早上的时间浪费了。早上提前 15 分钟坐在屏幕前什么也不做，把要复习的、背的摆在他面前也不动。针对这种情况，我又动员他所在的小组组长，抽时间检查他的学案及背诵任务的完成情况。他的情况大有改观。

后来由于他家庭的变故，他的情绪再次产生波动，成绩一落千丈。中考在即，我很着急，怕他达不到中考最低分数线。于是就在他身边安排了几个成绩优异的学生给他做榜样。中考前一天，我给小 G 发信息：未来三天，平和心态,认真审题,一定会取得满意的成绩!加油!中考录取工作结束,他考上了一所高中。其实与学生沟通的过程就是一场长征,只要坚持到最后,总能见到曙光。

(二)家校齐努力,学童倍受益

"家校齐努力,学童倍受益"这一理念,宛如一颗闪耀的教育之星。孔子曰:"三人行,必有我师焉。"在家校合作中,家庭和学校就像是孩子成长道路上的两位重要导师。家庭给予孩子最初的生活教育,是孩子人格塑造的基石;学校给予孩子系统的知识教育,是孩子走向社会的桥梁。二者齐心协力,就如同为孩子打造了一副坚固的铠甲。从社会学的角度看,孩子是家庭和社会的连接点,家庭的教育影响着孩子在社会中的行为和角色定位,学校的教育则为孩子适应社会规则、融入社会群体提供了知识和技能。当家校齐努力时,孩子能够在一个和谐、统一的教育环境中成长,他们能够更好地整合家庭和学校给予的资源,无论是情感上的支持还是知识上的传授。这种协同努力能够最大限度地发挥教育的作用,让孩子在成长的道路上少走弯路,更加健康、快乐地成长,从而获得更多的益处。

我想起班上的一个孩子,名叫小琳。小琳是个很内向的女孩,在学校里很少主动与同学交流,学习成绩处于中下游水平。我发现她在写作方面有一定的天赋,但缺乏自信和表达的勇气。我与小琳的家长沟通后,了解到她在家中也比较胆小,家长很担心她的未来。于是,我们决定共同努力帮助小琳。在学校里,我鼓励小琳参加作文比赛,还安排她在班级的作文分享会上朗读自己的作品。同学们的掌声和鼓励让小琳逐渐有了自信。小琳的家长在家里也积极为她创造交流的机会,邀请她的同学到家里做客,鼓励她与他人分享自己的想法和感受。家长还为小琳报名参加了一些社区的文化活动,让她在更广阔的环境中锻炼自己。随着时间的推移,小琳发生了惊人的变化。她变得开朗起来,主动与同学们交朋友,学习成绩也有了显著的提高,尤其是作文水平,在学校的作文比赛中获得了一等奖。看到小琳的变化,我和她的家长都感到无比欣慰。家校齐努力,就像一场及时雨,滋润了小琳这棵幼苗,让她茁壮成长,也让她在成长的过程中收获了无数的益处。

下面是小琳妈妈的微信留言"一封信",我收藏起来,激励自己。

卢老师您好!

您知道,小琳以前是个特别内向的孩子,在学校里总是怯生生的,在家也很少主动说话。作为家长,我看在眼里,急在心里,真的很担心她这样的性格会影响她的未来。

当您跟我沟通小琳在学校的情况,并且提到她在写作上有天赋的时候,我仿佛看到了一丝希望。从那以后,咱们就开始了共同帮助小琳的旅程。

在学校里,您为小琳做的一切真的太重要了。您鼓励她参加作文比赛,还让她在班级分享作文,那些来自同学们的掌声就像一束束光照进了小琳的心里。她开始有了自信,这是以前我想都不敢想的。

在家里,我们也按照咱们商量好的办法去做。看到她一点点改变,我真的很欣慰。邀请她的同学来家里做客这个办法特别好,刚开始她还有些不适应,但慢慢地,她开始主动和同学们聊天、分享自己的想法了。参加社区的文化活动也让她变得更加勇敢,她不再害怕在众人面前表达自己了。

现在的小琳就像换了一个人似的。她开朗了许多,每天都开开心心地去上学,还结交了好多新朋友。她的学习成绩也提高了,尤其是作文,还在学校的作文比赛中得了一等奖。这对她来说是多么大的鼓励啊!

我知道,这一切都离不开您在学校的悉心教导和耐心鼓励。如果没有您,我们可能还在黑暗中摸索,不知道该怎么帮助小琳。是您和学校,还有我们家庭的共同努力,才让小琳有了今天这样的转变。

您让我深刻地明白了"家校齐努力,学童倍受益"的道理。我相信,在这样良好的家校合作下,小琳一定会成长为一个优秀的孩子。真的非常感谢您,希望您的教育事业越来越好!

再次感谢!

(三)家校相配合,教育结硕果

"家校相配合,教育结硕果。"亚里士多德说:"教育的根是苦的,但其果实是甜的。"在家校教育的过程中,家庭和学校的配合就是让教育之树深深扎根,从而收获甜美的果实。家庭的教育如同土壤,肥沃的土壤能够为孩子提供丰富的养分;学校的教育如同阳光和雨露,给予孩子成长所需的能量和滋润。二者相辅相成,缺一不可。从教育学的建构主义理论来看,孩子是在与环境的相互作用中构建自己的知识体系和价值观的。家庭和学校作为孩子成长环境中的重要组成部分,它们的配合能够为孩子提供更加全面、多元的互动体验。这种配合能够让孩子在一个稳定、有序的教育环境中不断吸收来自家庭和学校的正面影响,从而在品德、学业、社交等各个方面都取得良好的发展成果。

在一次期末家长会后,发生了一件让我特别感动的事情。班上有个学生小Z,他以前在班里的表现非常糟糕,总是迟到、早退,作业也不按时完成,成绩在班级里几乎是垫底的。我多次与他谈话,但效果都不明显。后来我与他的家长深入沟通后,才知道他家庭的一些特殊情况。小Z的父母工作很忙,对他的关心不够,导致他缺乏自律性。于是,我和他的家长共同制订了一系列的措施。在学校里,我对他进行监督管理,每天检查他的作业完成情况,还安排他与成绩好的同学在一个学习小组,让他受到积极的影响。他的家长也调整了工作,每天抽出时间陪伴他学习,关注他的生活需求,给予他更多的关爱和鼓励。

经过一个学期的努力,小Z有了巨大的转变。他不再迟到早退了,作业也按时完成,成绩从垫底上升到了中等水平。在那次期末家长会上,当我介绍小Z的转变时,他的家长激动得热泪盈眶。家长会结束后,他的家长拉着我的手,感激地说:"老师,真的太感谢您了。以前我都对这孩子绝望了,没想到他现在变化这么大,还知道体会我们家长的辛苦了。"看着小Z家长激动的样子,我也深深感受到了家校配合的力量。这种配合就像魔法一样,让一个原本让人头疼的学生发生了脱胎换骨的变化,教育在家校配合下结出了丰硕的果实。这不仅是小Z个人的成长,还是我班主任工作中的一个巨大成就,更是家校合作的成功典范。

# 第五章　仁心待异——特殊孩童之关怀

在世界的每一个角落，都有这样一群特殊的孩子。他们像被命运拨乱了琴弦的天使，以独特的频率振动着生命的音符。有的孩子被困在寂静无声的世界，无法听见鸟叫蝉鸣；有的孩子仿佛置身于孤独的星球，用自己的规则与世界相处；有的孩子，身体的病痛如影随形，让他们在成长的道路上步履蹒跚。我们将目光聚焦于这些特殊孩童，便开启了一段充满爱与责任的旅程。

## 一、发现特殊，用心关注

### （一）细心察异况，精心识特需

在教育的花园里，每一个孩子都是一朵独特的花，特殊孩童则是那些需要我们格外用心浇灌的花朵。苏霍姆林斯基说："没有爱就没有教育。"对于特殊孩童，这份爱首先体现在细心观察与精心识别需求上。

我记得刚接手这个班级的时候，班上有个孩子叫小 J。最初，他在人群中并不起眼，就像一颗被尘埃掩盖的星星。但随着日子一天天过去，我开始察觉到他的一些异样。他总是在课堂上走神，眼里透着一种迷茫，仿佛周围的一切都与他无关。作业也完成得马马虎虎，字迹潦草，还经常有遗漏的题目。这时候，我知道我不能仅仅把他当作一个普通的调皮或者不认真的孩子看待，我需要更细心地去观察他。

于是，我开始留意他课间的活动。我发现他不像其他孩子那样活泼地玩耍，而是常常一个人坐在角落里，默默地看着同学们。他的眼里有一丝渴望，但更多的是一种害怕被打扰的疏离感。他对周围人的声音似乎特别敏感，稍微大一点儿的声响都会让他惊跳一下。这些细节就像拼图的碎片，一块一块地拼凑出小J可能存在特殊情况的画面。

我深知，仅仅发现这些表面现象是不够的，还需要精心识别他的特殊需求。这就像在黑暗中摸索着寻找打开一扇门的钥匙。我开始查阅各种教育资料，了解到小J这样的表现可能是因为内心缺乏安全感，或者是在学习上遇到了一些他自己难以克服的障碍。我还想到了海伦·凯勒的故事，她在失去视力和听力的情况下，是多么的孤独和迷茫，如果没有安妮·莎莉文老师细心的观察和精心的引导，她很难走向知识的光明。我就像安妮·莎莉文老师一样，想要成为小J黑暗中的那盏灯。

我尝试着与小J进行单独的交流。最初，他非常抗拒，一句话也不愿意说。但我没有放弃，我用温和的语气，轻声地和他聊天，就像在和一只受伤的小动物说话。慢慢地，他开始对我有了一点儿信任，偶尔会回答我一两个字。通过这些交流，我发现他在家庭里也面临一些困扰，父母工作很忙，很少有时间陪伴他，这让他非常渴望被关注，而这种父母陪伴的缺失也影响了他在学校的表现。

从那以后，我知道小J不仅需要学习上的帮助，还需要情感上的支持。我在课堂上会更加关注他的情绪变化，当他走神的时候，我会用一个温柔的眼神把他拉回来。在课间，我会主动找他聊天，问问他今天过得怎么样，有没有什么好玩的事情。我还在班级里安排了一个比较细心、友善的同学和他同桌，希望能在日常的学习和生活中带给他一些积极的影响。

这个过程就像是一场漫长的旅程，每一步都需要我用心去走。当我看到小J的眼里逐渐有了光彩，他开始主动和同学们交流，作业也完成得越来越认真的时候，我知道我的细心和精心没有白费。这就像一朵即将枯萎的花，在得到了精心的呵护后，又重新焕发了生机。我也深刻地体会到，对于特殊孩童，细心察异况、精心识特需是打开他们心灵之门的第一步，也是最重要的一步。这一步走好了，才能为他们的成长铺就一条充满希望的道路。

(二) 专心寻根源，耐心探解法

在教育的长河中，特殊孩童就像在河流中偏离了航道的小船，而班主任的任务就是要找到他们偏离航道的原因，耐心地探索让他们重回正轨的方法。罗曼·罗兰说："世上只有一种英雄主义，就是在认清生活的真相之后依然热爱生活。"对于特殊孩童的教育，我们也要有这样的英雄主义情怀，不被困难吓倒，专心地去探寻根源，耐心地去寻找解法。

我的班上有个叫小L的孩子，她是一个让我颇为头疼的特殊学生。她的成绩在班级里一直处于下游，上课的时候总是小动作不断，不是摆弄文具，就是和周围的同学窃窃私语。我批评过她很多次，但效果甚微。这时候，我知道我不能再仅仅从表面去看待她的问题，我需要专心去寻找根源。

我首先从她的学习习惯入手。我发现她在学习的时候非常浮躁，没有耐心。一道简单的题目，她往往看一眼就开始写，结果错误百出，而且她没有养成预习和复习的习惯，对知识的掌握就像蜻蜓点水一样，一知半解。但我觉得这可能只是表象，背后一定还有更深层次的原因。

于是，我开始关注她的家庭环境。我了解到小L的父母对她的期望很高，总是给她设定一些她难以达到的目标。每次考试成绩不理想，她就会受到父母严厉的批评。这让她对学习产生了一种恐惧和逃避的心理，因此在课堂上才会通过做小动作来分散自己的注意力。这就像一个恶性循环，她越害怕学习，成绩就越差，父母的批评就越严厉，她就越想逃避。

了解到这些根源后，我知道我需要耐心地去探索解法。我想到了陶行知先生的教育理念，他倡导"生活即教育"，强调教育要符合孩子的生活实际和心理需求。我觉得我也要从实际出发，根据小L的情况制订适合她的教育方法。

我首先和小L的父母进行了深入的沟通。我给他们讲述了小L在学校的表现以及她内心的恐惧，希望他们能够调整对小L的教育方式，多给她一些鼓励和支持，而不是一味的批评。他们听了我的话后，也意识到了自己的问题，表示会配合我的工作。

在学校里，我为小L制订了一个专门的学习计划。我从最基础的知识开始，一步一步地帮助她建立学习的信心。我告诉她，学习就像盖房子，基础打得牢固，房子才能盖得又高又稳。我还教她如何预习和复习，教给她一些简单有效的学习方法。每当她取得一点进步，我都会在全班同学面前表扬她，让她感受到成功的喜悦。

这个过程并不容易,小L有时候会因为遇到困难而想要放弃,但我总是耐心地鼓励她,告诉她失败是成功之母,只要坚持下去,就一定能够取得进步。就像唐僧师徒西天取经一样,途中会遇到无数的艰难险阻,但只要有坚定的信念和不懈的努力,就一定能够到达胜利的彼岸。

经过一段时间的努力,小L的情况有了明显的改善。她在课堂上的小动作少了很多,开始认真听讲,学习成绩也稳步提升。她的父母看到她的变化也非常高兴,对我充满了感激。

教育特殊孩童,专心寻根源、耐心探解法是一个漫长而又充满挑战的过程。我们只要有坚定的信念,像一个执着的探险家一样,不放弃任何一个可能的线索,就一定能够找到解决问题的方法。当看到这些孩子在我的帮助下重新找回自信,走上成长的正轨时,那种成就感和幸福感是无法用言语形容的。

(三)慧心找亮点,仁心育潜能

在教育的星空中,每一个孩子都是一颗独特的星星,特殊孩童也不例外。他们或许在某些方面暂时黯淡,但我们只要用慧心去寻找亮点,用仁心去培育潜能,就能让他们绽放出属于自己的璀璨光芒。纪伯伦说:"人的嘴唇所能发出的最甜美的字眼,就是母亲,最美好的呼唤,就是'妈妈'。"而对于特殊孩童来说,班主任就要像母亲一样,用慧心和仁心去关爱他们,发现他们的美好。

我曾经教过一个孩子叫小M,他是一个在学习和社交方面都存在很大困难的特殊学生。在学习上,他的理解能力比较差,很多简单的知识都需要反复讲解才能明白。在社交方面,他不知道如何与同学相处,经常因为一些小事和同学发生冲突。这让他在班级里非常孤独,同学们都不太愿意和他一起玩。

我看着小M,心里充满了同情和担忧。但我知道,他一定有自己的亮点,就像每一颗星星都有自己独特的光芒一样。我开始用慧心去寻找他的亮点。在一次美术课上,我发现小M对色彩有着独特的感知力。他画的画虽然在技巧上并不成熟,但色彩搭配非常大胆,富有创意。他用鲜艳的色彩描绘出自己心中的世界，那是一个充满奇幻和想象的世界。

当我看到他的画时，我就像发现了宝藏一样兴奋。我知道，这就是小 M 的亮点。我在全班同学面前展示了他的画，同学们都惊讶于他的创意，对他投来了赞许的目光。小 M 的脸上第一次露出了自豪的笑容。这就像一束光照进了他黑暗的世界，让他感受到了被认可的喜悦。

从那以后，我就用仁心去培育他的潜能。我鼓励他参加学校的美术兴趣小组，在那里，他可以得到更专业的指导。我还为他准备了一些美术方面的书籍和材料，让他可以在课余时间继续探索自己的兴趣。我像一个守护者一样，在他追求梦想的道路上为他保驾护航。

我也会经常和他交流关于美术的话题，他总是充满热情地和我分享他的想法和创意。他的眼里充满了对美术的热爱，那种热爱就像一团燃烧的火焰，让他整个人都变得充满活力。我知道，美术已经成为他生活中最重要的一部分，也是他建立自信的源泉。

在这个过程中，我也遇到了一些困难。比如，有些同学会因为小 M 在学习上的不足而嘲笑他，说他只会画画，学习不好有什么用。这时候，我会用仁心去保护小 M 的自尊心。我告诉同学们，每个人都有自己的特长，小 M 在美术方面的才华是值得我们大家学习的。我鼓励小 M 不要因为别人的话而放弃自己的梦想，要相信自己的能力。

随着时间的推移，小 M 在美术方面的潜能得到了充分的发挥。他的作品在学校的美术比赛中多次获奖，他也成了学校美术社团的骨干成员。他的自信心得到了极大的提升，他在社交方面也有了很大的改善。他开始主动和同学们交流自己的美术心得，同学们也因为他的才华而对他刮目相看，愿意和他成为朋友。

这个经历让我深刻地体会到，慧心找亮点、仁心育潜能是多么的重要。对于特殊孩童来说，这就像一把神奇的钥匙，打开了他们通往成功和幸福的大门。班主任要用慧心去发现他们的闪光点，用仁心去呵护他们的梦想，让他们在自己擅长的领域里自由翱翔。就像每一朵花都有自己的花期一样，特殊孩童也会在我们的关爱下，在属于自己的季节里开出最绚烂的花朵。

## 二、制订计划，个别帮扶

（一）爱心暖童心，善心抚幼情

在教育这片广袤的土地上，每一个孩子都是一颗等待发芽的种子，特殊孩童则是那些在成长过程中遭遇更多风雨的幼苗。特蕾莎修女说："爱不是赞助，而是要伸出你的手来。"对于特殊孩童的关怀，爱心和善心就是我们伸出的温暖双手。

在我的班级里，有一个叫小刘的孩子，他来自单亲家庭。初次见到他时，我就能从他的眼中察觉到一种与年龄不符的忧郁。他总是默默地坐在教室的角落，很少主动与同学们交流。他的衣服虽然干净，但款式总是单调且略显破旧，仿佛在无声地诉说着他家庭的不易。

我深知，对于小刘这样的孩子，一颗充满爱的心是打开他内心世界的钥匙。我想起了泰戈尔的故事，泰戈尔出生于印度的一个富贵家庭，但他对那些贫苦的人们充满同情，用自己的诗歌表达对他们的爱与关怀。我也要像泰戈尔一样，用爱去温暖小刘。

每天早上，我会特意在教室门口等小刘，给他一个温暖的微笑，然后轻声问他今天怎么样。最初，他只是低着头，小声地回答"还好"。但我没有放弃，我知道这颗受伤的小心灵需要时间去接受我的善意。我开始关注他的学习和生活的每一个细节。我发现他的文具很简陋，于是我悄悄地给他准备了一套新的文具，放在他的课桌上。当他看到那套新文具时，眼中闪过一丝惊喜，但很快又被一种复杂的情绪取代，我知道那是他内心的自卑在作祟。

在课堂上，我会有意识地给他更多的关注。每当他回答对一个问题，哪怕是非常简单的问题，我都会给予他最真诚的表扬。我希望通过这种方式让他知道，他是有价值的，他的努力和付出是被看到的。有一次，在课堂上，我们讨论一篇关于家庭温暖的文章，我看到小刘的眼神里有一丝落寞。课后，我单独找他聊天，我告诉他："家庭的形式有很多种，但爱永远不会缺席。你虽然可能缺少了爸爸或者妈妈的陪伴，但还有老师和同学们，我们都很关心你。"他听了我的话，眼睛微微泛红，那一刻，我知道我的爱心和善心开始在他的心中种下了温暖的种子。

我还组织了一些班级活动，鼓励小刘积极参与。比如一次手工制作活动，我特意安排了一个热情开朗的同学和他一组。在活动过程中，我看到他逐渐放松下来，开始和同学有说有笑，他的脸上也露出了难得的笑容。这个笑容就像冬日里的暖阳，让我感到无比的欣慰。

从那以后，小刘开始慢慢地向我敞开心扉。他会主动和我分享他在家里的一些小事，比如他和妈妈一起做的一顿简单的晚餐，或者他在上学路上看到的一只可爱的小猫。我知道，我的爱心和善心正在一点点地融化他心中的坚冰，就像春风吹过冰封的大地，让希望的种子开始萌芽。我也深刻地体会到，对于特殊孩童，爱心暖童心、善心抚幼情不仅是一种情感的付出，还是一种责任，一种使命。我们要用爱去填补他们内心的空缺，用善去驱散他们心中的阴霾，让他们在充满爱的环境中茁壮成长。

（二）慈心护弱苗，仁心助成长

"教育是一棵树摇动另一棵树，一朵云推动另一朵云，一个灵魂唤醒另一个灵魂。"雅斯贝尔斯的这句话深刻地揭示了教育的本质。

小刘在学习上存在一些困难，由于家庭环境的影响，他没有一个良好的学习氛围，也缺乏有效的学习指导。他的作业常常出现很多错误，而且对一些知识的理解也比较模糊。我知道，我需要用我的慈心保护他这棵弱苗，用仁心帮助他成长。

我想起了孔子因材施教的故事。孔子根据每个弟子的特点和才能采取不同的教育方法，让他们都能在自己的道路上取得进步。我也决定为小刘制订一套适合他的学习计划。我首先对他的学习情况进行了全面的分析，发现他在语文的阅读理解方面存在较大的问题。

于是，我给他推荐了一些简单有趣的课外读物，比如《小王子》这样充满哲理和温情的书籍。我和他一起阅读，在阅读的过程中，我会引导他理解书中人物的情感、故事发展的脉络以及作者想要表达的思想。我告诉他："阅读就像一场旅行，我们可以在文字的世界里看到不同的风景，感受不同的情感。"小刘逐渐对阅读产生了兴趣，他的阅读理解能力也在慢慢地提高。

除了学习上的帮助,我还注重他的品德和人格的培养。我给他讲述了许多名人在困境中成长的故事,像海伦·凯勒在失明失聪的情况下,凭借着坚强的毅力和对知识的渴望,成了伟大的作家和教育家;贝多芬在双耳失聪的巨大挫折面前,依然创作出了震撼世界的音乐作品。我希望这些故事能够激励小刘,让他明白,无论生活中遇到多大的困难,只要有坚定的信念和积极向上的态度,就一定能够克服。

随着时间的推移,小刘在学习和品德方面都有了很大的进步。他的成绩逐渐提高,在班级里也不再是那个默默无闻的"角落男孩"。他开始主动帮助其他同学,他的脸上总是洋溢着自信的笑容。我知道,我的慈心和仁心就像阳光和雨露,滋润着他这棵曾经脆弱的幼苗,让他茁壮成长。这也让我更加坚信,在教育特殊孩童的道路上,我们要用慈心去守护他们的成长,用仁心去给予他们力量,让他们在爱的滋养下,成为能够独立面对风雨的参天大树。

《学记》中说:"安其学而亲其师,乐其友而信其道。"我曾经任教的一个班的学生特别活跃,我就通过讲历史小故事、让孩子们自编自导自演历史课本剧等方式调动他们的积极性,规范他们的言行。一段时间之后,班级绝大多数孩子都对历史课情有独钟。很多同学都想当历史课代表。我就和他们约定,大型考试成绩只要达到约定的分数,就可以担任历史课代表。一时间班级掀起了学习历史的热潮。经过一年时间的努力,班级有一半以上的同学达到了约定的分数,于是班级出现了20多位历史课代表。大课代表排班,每次我去上课,课代表们都前呼后拥。

(三) 真心消自卑，诚心建自信

在教育的舞台上，特殊孩童往往带着自卑的枷锁在黑暗中徘徊。班主任要用真心和诚心，像灯塔一样，为他们驱散自卑的阴霾，建立起自信的堡垒。罗素说："凡是教师缺乏爱的地方，无论品格还是智慧，都不能充分地或自由地发展。"对于像小刘这样的孩子，真心和诚心就是那不可或缺的爱。

小刘由于家庭的特殊情况，内心深处有着深深的自卑感，他总是觉得自己不如其他同学，这种自卑表现在他的言行举止中。他走路总是低着头，不敢大声说话，在课堂上也很少主动举手发言，即使他知道答案。我知道，我必须用我的真心去消除他的自卑，用诚心去建立他的自信。

我开始在班级里营造一种包容和友爱的氛围。我告诉同学们，每个人都有自己的故事，我们要学会理解和尊重他人。我组织了一些主题班会，例如"我们都是独一无二的"，让同学们分享自己的优点和不足，鼓励大家互相欣赏和支持。我希望通过这种方式，让小刘感受到他是班级这个大家庭中的一员，他和其他同学一样，都是独特而有价值的。

我还特意为小刘创造一些展示自己的机会。一次班级组织演讲比赛，我鼓励小刘参加。他一开始非常犹豫，觉得自己不行，害怕在同学们面前出丑。我拉着他的手，真诚地对他说："小刘，你有很多闪光点，你比你自己想象的要优秀得多。这次演讲比赛就是一个让大家认识你的好机会，不要害怕，我会陪着你一起准备的。"在我的鼓励下，小刘终于鼓起了勇气。

我陪着小刘一起准备演讲稿，从主题的确定到内容的撰写，再到演讲的技巧，我都耐心地给予他指导。我发现小刘其实很有自己的想法，他的演讲内容充满了对生活的感悟和对未来的憧憬。在演讲比赛当天，小刘走上讲台的时候，他的身体还有些微微发抖，但当他看到我鼓励的眼神时，他深吸了一口气，开始了他的演讲。虽然他的声音还有些颤抖，但他讲的每一个字都充满了力量。当他的演讲结束时，教室里响起了热烈的掌声。那一刻，我看到小刘的眼睛里闪烁着自信的光芒，他的脸上洋溢着从未有过的自豪。

我知道，这只是一个开始。为了进一步建立他的自信，我在班级里设立了一些小岗位，让小刘负责其中一个，比如，负责管理班级的图书角。我告诉他："你是一个很细心的孩子，我相信你一定能把图书角管理得井井有条。"小刘非常认真地对待这个任务，他把图书角整理得干干净净，还制订了借阅规则。同学们对他的工作都给予了肯定，这让他的自信心得到了进一步的提升。

我也会经常和小刘谈心，告诉他："你来自单亲家庭，这不是你的错，相反，这让你更加坚强和独立。你有很多优点，比如你的善良、你的努力，这些都是非常宝贵的品质。"我的真心和诚心就像一把钥匙，打开了小刘心中那扇封闭的自信之门。

随着时间的流逝，小刘的变化越来越明显。他不再是那个自卑怯懦的男孩，而是一个充满自信、积极向上的少年。他会主动参加各种班级活动，在同学们面前也敢于表达自己的观点。他的学习成绩也因为自信心的增强而有了更大的提升。

这个过程让我深刻地体会到，真心消自卑、诚心建自信是一个需要耐心和坚持的过程。对于特殊孩童来说，班主任的真心和诚心就像黑暗中的明灯，照亮他们前行的道路，让他们从自卑的泥沼中走出来，走向充满自信和希望的未来。我们要用真心发现他们的价值，用诚心给予他们认可，让他们在成长的道路上昂首挺胸，绽放属于自己的光彩。

### 三、挖掘潜能，助力成长

（一）特殊需关注，个别要关心

教育之于心灵，犹雕刻之于大理石。每一个孩子都是一块独特的大理石，特殊孩童则是那些有着特殊纹理和质地的璞玉，需要我们格外地关注与关心。

在教育的长河中，海伦·凯勒的故事如同一颗璀璨的星辰照亮着我们对待特殊孩童的道路。海伦·凯勒在一岁多时因一场重病失去了视力和听力，从此陷入了一个无声、无光的世界。然而，她的老师安妮·莎莉文却没有放弃她。莎莉文老师深知海伦的特殊情况，给予了她无微不至的关注。她用独特的教育方法，从在海伦的手心写字开始，让海伦感受到文字与事物的联系。

她关注海伦每一个细微的反应，每一次情绪的波动。当海伦因为无法理解某个概念而烦躁时，莎莉文老师耐心地引导她，用爱和关心化解她内心的困惑与不安。正是莎莉文老师这种对特殊孩子的特殊关注，才使得海伦·凯勒这块被命运蒙尘的璞玉绽放出耀眼的光芒。她不仅学会了阅读、书写和说话，还成为一名杰出的作家、教育家，她的故事激励着无数人。

我的班级中也有许多特殊的孩子，虽然他们的情况不像海伦·凯勒那般极端，但同样需要我们用心去关注。每个孩子的性格、学习能力和家庭背景等方面都不同。有些孩子可能在学习上存在特殊的困难，例如阅读障碍或者数学思维发展缓慢；有些孩子可能因为家庭变故而造成心理上的创伤。作为班主任，我们不能用统一的标准去衡量他们，而是要关注每一个孩子的特殊之处。

对于那些学习困难的孩子，我们可以像莎莉文老师那样，找到适合他们的学习方法。比如，对于有阅读障碍的孩子，可以从简单的绘本开始，通过色彩鲜艳的图片和简短的文字引导他们建立起阅读的兴趣。在课堂上，给他们更多的时间回答问题，关注他们的眼神和表情，当他们流露出困惑时，及时给予帮助。对于那些家庭发生变故的孩子，要关心他们的情绪变化。可以在课余时间与他们谈心，倾听他们内心的痛苦与烦恼，给予他们温暖的拥抱和安慰的话语。就像花朵需要阳光和雨露一样，这些特殊的孩子需要班主任的特别关注和关心，只有这样，他们才能在成长的道路上茁壮成长，逐渐挖掘出自己的潜能，走向属于自己的成功之路。

东北的寒假通常很漫长，一般都长达 50 多天，加之中间有一个新年，如果整个假期完全失控，开学后很多学生无论是学习状态还是学习习惯基本会退化到"原始社会"。如何解决这个问题呢？经过思考和几番尝试，我觉得定期与学生及家长沟通很重要。期末开家长会的时候，我建议学生和家长针对期末考试成绩进行反思，然后制订一个寒假学习计划，这个计划一定要比较详细，有可操作性。我在家长会上展示了一份计划样表。寒假开始一周后，我开始让学生将反思和制订好的计划表发给我，针对每个学生的特点进行调整和修订，力求计划科学合理。以下是小 H 和家长一起做的反思：

## 初二第一学期期末考试的反思

期末考试没有考好的原因，主要有以下两点：

1. 不动脑思考。对于这个问题，我现在是非常真切地感受到孩子的懒，很多题，他都会，但就是做错了。孩子现在的状况就是不思考，抬笔就写，落笔就错。如果我让他再看一遍的话，他就能写对。针对这个问题，我给孩子提出的解决方案是，数学和物理每天做一页题，不多，不难，但是不许出错，错一罚三。我希望他能认识到这个问题的严重性，这个毛病不改，对他将来的发展将是巨大的阻碍。

2. 做的课外练习太少了。每次我和他爸爸要求他做课外习题的时候，他总是找各种理由把这个事情拖黄了，要么洗澡，要么写作业，总之要干点儿别的事情，一定得把做练习这事儿错过去。可能是我和他爸爸太唠叨了吧，但我现在是真的不知道该怎么和孩子沟通了，说深了，怕他做出极端的事情来，说浅了，完全不起作用。于是就变成了我们越说他就越不做。但是越不做题，知识点掌握得就越不好。因为总也不做习题，他甚至连有的知识点学没学过都不知道。期末考试前最后半个月，我每天晚上逼着他跟我一起读课文，翻看错题，甚至是背下来，只半个月的时间，他的英语成绩就提了上来。我给他找了一位数学研究生，一对一讲题，考前两周开始上课，还是有点儿效果的，他这学期的数学平时考试从来没有达到80分，这次期末他还是有点儿进步，考了90分。但这显然不够，我也跟他认认真真地谈了这个事情，我说不管你是不是主动做课外题，这半个月你确实做了一些英语和数学题，这次期末考试你这两科成绩已经有所提升了。英语比期中考试提升了将近30分，数学这次也达到90分了，这是你上初中以来的最高分了。他有点儿感触。但是物理和语文我没有这么跟着他学，他这两科成绩下滑得很厉害。这次的谈话他应该是听进去了，这几天看着他学习，明显主动了不少，也没有那么抵触了。说实话，我这么天天时时刻刻盯着他学习，是真累啊！他这几天收敛了不少，虽然还是惦记着电子产品，但不那么放肆了，并且开始认真完成寒假作业。（这个电子产品是真坑人啊！）

这个寒假开始了，我给他报了好几个学习班，其中数学、物理、化学是预习新内容，生物和地理是总复习。数学、语文、生物和地理是在年前上课，物理和化学是在年后上课，我希望这样他既能预习新的知识点，又能有时间写假期作业和复习。

他不是个主动学习的孩子，需要家长时时刻刻地盯着。这可能是因为我平时太惯着他了，过于由着他，基本没有强迫他做过什么事情，致使这孩子过于任性，吃不了一点点苦。我也想了，现在已经这样了，除了让他多多参与家里的家务，改善一下他的认知，增加一点责任心，我还是要更多地盯着他，并且帮他整理错题，及时复盘错题，一定要他自己解释清楚每一道题为什么错了，错在哪里了，说清楚解题思路，为什么不选其他答案。

这个学习计划是我给他制订的，有点儿紧张，可能不一定能执行得很好，但我必须一点点地、紧紧地盯着他尽可能地完成这个计划。除了要上的课和要完成的寒假作业，还要做一整套的地理和生物的复习卷子，在课少的时间里，每天还要做一定量的数学和物理题，并且保证准确率。关于寒假作业，我和他也谈了一会儿，一是要认真完成，不要对付，二是由我监督，不管做得对不对，一定要看视频讲解以及老师的答疑。写了很多，好像变成了我的自我反省。他现在这个不爱学习的状态好像就是因为在他小的时候，我很多事情就没有认识清楚，于是带来了一系列的不良后果。既然是自己带来的后果，只能自己收拾烂摊子，尽量减轻对孩子的影响吧！无论如何也要坚持下去，这是对他的考验，也是对我自己的考验。

坚持就是胜利！坚持督促孩子做课外练习，坚持帮助孩子复盘错题，并且问清楚错题思路，坚持每天跟他一起读课文、背古诗，坚持检查每天的作业。

希望我的坚持和强迫能让他明白，在学习和成长的初级阶段，坚持是可以成就自己的。他原来给自己定的考试成绩是冲上前500名，这次没有实现，很重要的一个原因就是没有坚持学习，吃不了学习的苦。希望这个假期我能够帮助他坚持学习，让他在开学初的考试能够冲进前500名。

小陈同学成绩优异，学习主动性较强，对自己的学习情况有一定的自我认知。他的计划是结合自己期末考试的学科差异制订的。

以下是小陈同学的寒假学习计划：

每周前一到两天完成学校本周的作业，剩余时间用于强化弱势学科，具体如下：

语文：除了完成学校要求阅读的书目之外增加阅读量，积累作文素材（每天阅读时间1小时左右），专门准备一个本子记录好词好句。对于薄弱的文言文阅读和现代文阅读，配合课外练习题进行强化。

地理：按照地理老师的要求，每天复习书上两节的知识。用假期的时间夯实掌握不牢固的知识点。

物理：第一周时间将八上有问题的部分进行巩固，确保下次不出任何问题。后几周的时间用于预习八下的知识。

其他学科：在确保八上的知识没有问题的情况下，为八下和九年级的学习做准备。具体方法是自学和课外班相结合。

以下是小张同学的计划。

| 2023寒假计划 | | | | | | |
|---|---|---|---|---|---|---|
| 周一 | 周二 | 周三 | 周四 | 周五 | 周六 | 周日 |
| 7:30—9:00 物理补课 | 7:30—9:00 物理补课 | 7:30—9:00 物理补课 | 7:30—9:00 物理补课 | 7:30—9:00 物理补课 | 7:30—9:00 物理补课 | 7:30—9:00 物理补课 |
| 9:00—10:00 吃早餐加休息 | 9:00—10:00 吃早餐加休息 | 9:00—10:00 吃早餐加休息 | 9:00—10:00 吃早餐加休息 | 9:00—10:00 吃早餐加休息 | 9:00—10:00 吃早餐加休息 | 9:00—10:00 吃早餐加休息 |
| 10:00—11:00 完成当天物理作业并做相应习题 | 10:00—11:00 完成当天物理作业并做相应习题 | 10:00—11:00 完成当天物理作业并做相应习题 | 10:00—11:00 完成当天物理作业并做相应习题 | 10:00—11:00 完成当天物理作业并做相应习题 | 10:00—11:00 完成当天物理作业并做相应习题 | 10:00—11:00 完成当天物理作业并做相应习题 |
| 11:00—12:00 完成地生习题 | 11:00—12:00 完成地生习题 | 11:00—12:00 完成地生习题 | 11:00—12:00 完成地生习题 | 11:00—12:00 完成地生习题 | 11:00—12:00 完成地生习题 | 11:00—12:00 完成地生习题 |
| 12:00—13:00 休息 | 12:00—13:00 休息 | 12:00—13:00 休息 | 12:00—13:00 休息 | 12:00—13:00 休息 | 12:00—13:00 休息 | 12:00—13:00 休息 |
| 13:00—14:30 数学补课 | 13:00—14:30 数学补课 | 13:00—14:30 数学补课 | 13:00—14:30 数学补课 | 13:00—14:30 数学补课 | 13:00—14:30 数学补课 | 13:00—14:30 数学补课 |

续 表

| 周一 | 周二 | 周三 | 周四 | 周五 | 周六 | 周日 |
|---|---|---|---|---|---|---|
| 14:30—15:30 完成当天数学作业并做相应习题 | 14:30—15:30 完成当天数学作业并做相应习题 | 14:30—15:30 完成当天数学作业并做相应习题 | 14:30—15:30 完成当天数学作业并做相应习题 | 14:30—15:30 完成当天数学作业并做相应习题 | 14:30—15:30 完成当天数学作业并做相应习题 | 14:30—15:30 完成当天数学作业并做相应习题 |
| 15:30—17:00 休息 | 15:30—17:00 休息 | 15:30—17:00 休息 | 15:30—17:00 休息 | 15:30—17:00 休息 | 15:30—17:00 休息 | 15:30—17:00 休息 |
| 17:00—17:20 背当天英语补课单词 | 17:00—17:20 背当天英语补课单词 | 17:00—17:20 背当天英语补课单词 | 17:00—17:20 背当天英语补课单词 | 17:00—17:20 背当天英语补课单词 | 17:00—17:20 背当天英语补课单词 | 17:00—17:20 背当天英语补课单词 |
| 17:20—19:00 英语补课 | 17:20—19:00 英语补课 | 17:20—19:00 英语补课 | 17:20—19:00 英语补课 | 17:20—19:00 英语补课 | 17:20—19:00 英语补课 | 17:20—19:00 英语补课 |
| 19:00—19:20 完成当天英语补课作业 | 19:00—19:20 完成当天英语补课作业 | 19:00—19:20 完成当天英语补课作业 | 19:00—19:20 完成当天英语补课作业 | 19:00—19:20 完成当天英语补课作业 | 19:00—19:20 完成当天英语补课作业 | 19:00—19:20 完成当天英语补课作业 |
| 19:20—19:50 背诵古诗 | 19:20—19:50 背诵古诗 | 19:20—19:50 背诵古诗 | 19:20—19:50 背诵古诗 | 19:20—19:50 背诵古诗 | 19:20—19:50 背诵古诗 | 19:20—19:50 背诵古诗 |
| 19:50—20:00 休息 | 19:50—20:00 休息 | 19:50—20:00 休息 | 19:50—20:00 休息 | 19:50—20:00 休息 | 19:50—20:00 休息 | 19:50—20:00 休息 |
| 20:00—20:30 阅读假期书目 | 20:00—20:30 阅读假期书目 | 20:00—20:30 阅读假期书目 | 20:00—20:30 阅读假期书目 | 20:00—20:30 阅读假期书目 | 20:00—20:30 阅读假期书目 | 20:00—20:30 阅读假期书目 |

小张同学的计划非常详细，但这份计划，不仅安排过满，而且内容固定单一，极容易产生疲劳感，计划很难坚持。因此我建议他对计划做适当的调整，并加上运动时间。

| 寒假作业表<br>（1月7日—1月13日）<br>（2月4日—2月24日） | | 寒假作业表<br>（1月14日—1月17日）<br>（1月29日—2月3日） | |
|---|---|---|---|
| 时间 | 活动 | 时间 | 活动 |
| 7:30—8:00 | 起床、吃饭 | 7:30—8:00 | 起床、吃饭 |
| 8:00—8:40 | 英语作业 | 8:00—8:40 | 英语作业 |
| 8:40—8:50 | 休息 | 8:40—9:10 | 体育锻炼 |
| 8:50—9:50 | 语文作业 | 9:10—10:40 | 数学课（课外） |

续 表

| 寒假作业表<br>(1月7日—1月13日)<br>(2月4日—2月24日) | | 寒假作业表<br>(1月14日—1月17日)<br>(1月29日—2月3日) | |
|---|---|---|---|
| 时间 | 活动 | 时间 | 活动 |
| 9:50—10:00 | 休息、吃水果 | 10:40—11:00 | 休息 |
| 10:00—11:00 | 物理作业 | 11:00—12:00 | 语文作业 |
| 11:00—11:30 | 语文综合实践 | 12:00—13:00 | 午饭、休息 |
| 11:30—13:00 | 午饭、休息 | 13:00—13:50 | 地理+生物 |
| 13:00—13:50 | 地理+生物 | 13:50—14:00 | 休息 |
| 13:50—14:00 | 休息 | 14:00—15:00 | 读书 |
| 14:00—15:00 | 读书 | 15:00—15:10 | 休息 |
| 15:00—15:10 | 休息 | 15:10—16:10 | 物理作业 |
| 15:10—15:40 | 体育锻炼 | 15:40—15:50 | 休息 |
| 15:40—15:50 | 休息 | 15:50—16:50 | 数学作业 |
| 15:50—16:50 | 数学作业 | 16:50—17:20 | 语文+英语课外阅读 |
| 16:50—17:20 | 语文+英语课外阅读 | 17:20—18:50 | 晚饭、休息 |
| 17:20—18:50 | 晚饭、休息 | 18:50—19:50 | 数学课外作业 |
| 18:50—20:00 | 数学课(课外) | 19:50—20:10 | 休息 |
| 20:20—21:30 | 课外作业 | 20:20—21:30 | 自由复习 |
| 22:00 | 睡觉 | | |

| 寒假作业表(周六、周日) | |
|---|---|
| 8:00—8:30 | 起床、吃饭 |
| 8:30—9:30 | 英语E听说 |
| 9:30—9:40 | 休息 |
| 9:40—11:40 | 各科讲解 |
| 11:40—13:00 | 午休 |
| 13:00—14:00 | 作文 |
| 14:00—14:10 | 休息 |
| 14:10—14:40 | 体育锻炼 |
| 14:50—15:50 | 读书 |
| 15:50—21:30 | 自由安排 |

### （二）差异应尊重，独特当包容

世界上没有两片完全相同的树叶。每个孩子都是独一无二的个体，他们之间存在的差异是生命多样性的体现。在教育中，尊重差异、包容独特是班主任应秉持的重要理念。

爱因斯坦的故事便是一个很好的例证。爱因斯坦小时候在学校里并不被看好，他的思维方式与传统的教育模式格格不入。他对那些需要死记硬背的知识不感兴趣，却热衷于思考一些深奥的科学问题。他的老师和同学们都觉得他是个"怪孩子"。然而，正是这种独特的思维方式，使他在物理学领域取得了举世瞩目的成就。如果当时他的老师和周围的人不能包容他的独特，而是强行将他纳入传统的教育框架，那么世界可能就会失去一位伟大的科学家。

在班级管理中，我们也会遇到各种各样独特的孩子。有的孩子可能性格内向，不善言辞，却有着丰富的内心世界和独特的艺术天赋；有的孩子可能调皮捣蛋，但他们的创造力和应变能力很强。我们不能因为他们与大多数孩子不同就否定他们或者试图改变他们。

对于内向的孩子，我们要尊重他们的安静，为他们提供展示自己才华的机会。例如，可以在班级里举办绘画比赛或者诗歌朗诵会，鼓励他们参与其中，让他们在自己擅长的领域里找到自信。对于调皮捣蛋的孩子，我们要看到他们调皮背后的创造力。可以引导他们将这种创造力运用到有益的事情上，比如组织他们参加科技小发明活动或者创意手工制作活动。

包容孩子的独特性还要接受他们的错误和失败。孩子们在探索世界的过程中难免会犯错，我们不能因为他们的一次错误就对他们进行严厉的批评，而是要帮助他们从错误中吸取教训。就像对待一件精美的瓷器，即使有了裂痕，我们也要用包容的心去修复它，而不是轻易地将它丢弃。当我们尊重差异、包容独特时，孩子们会感受到被理解和被接纳，他们的潜能会在这种宽松的环境中得到更好的挖掘，他们会更加勇敢地追求自己的梦想，展现自己独特的魅力。

### （三）弱势多帮扶，异才善引导

对于班级中的弱势孩童和具有特殊才能的孩子，班主任要发挥摇动、推动和唤醒的作用，给予他们更多的帮扶和正确的引导。

贝多芬就是一个关于弱势与异才的典型。贝多芬双耳失聪了，这无疑使他在音乐创作的道路上处于弱势地位。然而，他并没有被命运打倒，他凭借着对音乐的执着热爱和非凡的音乐天赋，在失聪的困境中创作出了许多不朽的乐章。他的老师和朋友在他的成长过程中给予了他很多的帮扶。他的老师发现了他的音乐才华，鼓励他坚持音乐创作，为他提供各种学习音乐的机会。他的朋友在他失聪后给予他精神上的支持，让他能够在孤独和困境中继续前行。

在我的班级里，也存在着弱势的孩子，我们要给予他们更多的帮扶。

以下是帮扶"轻微孤独症"学生小L的案例。

每一个孩子都是一颗独特的星星，特殊孩童更是如此，他们或许在某些方面有着与众不同的光芒，只是这光芒常常被外界因素掩盖。我曾经遇到过一个叫小L的孩子，他患有轻微的孤独症。刚接手班级的时候，我发现小L总是独自坐在角落里，不与其他同学交流，眼中充满了迷茫和恐惧。他对周围的环境变化非常敏感，一点点的声响或者新事物都可能让他陷入不安。

我深知，对于小L这样的孩子，营造一个能够启发智慧、培育素养的氛围是多么重要。就像孟母三迁一样，孟母为了给孟子营造一个良好的学习环境，不惜三次迁居。她深知环境对孩子成长的巨大影响，从墓地旁到集市边，最后到学宫附近，孟子在学宫附近的环境中受到了读书人的熏陶，开始热爱学习，最终成为一代大儒。这个故事告诉我们，环境就像土壤，孩子就像种子，肥沃的土壤能让种子茁壮成长。

我鼓励班级其他同学一起参与帮助小L的行动。我告诉同学们，每一个人都像一颗星星，小L也是，他只是暂时被乌云遮住了光芒。我引用了罗曼·罗兰的名言："谁要在世界上遇到过一次友爱的人，体会过肝胆相照的境界，就是尝到了天上人间的欢乐。"我希望同学们能够用友爱去点亮小L的世界。同学们都非常积极，他们开始主动和小L打招呼，虽然小L一开始并没有回应，但同学们并没有放弃。

在课堂上，我也尝试调整教学方式来适应小L的特殊需求。我发现小L对绘画很感兴趣，他虽然不善于用言语表达自己对知识的理解，但能用画笔描绘出他心中的世界。于是，我和语文老师沟通，在语文教学中，老师讲解古诗词的时候，不再仅仅局限于让学生背诵和默写，而是鼓励他们用绘画的方式来展现诗词中的意境。小L对此表现出了极大的热情，他用画笔描绘出了"大漠孤烟直，长河落日圆"的壮丽景象，那画面中的每一笔都充满了他对诗词的独特理解。这让我想起了苏霍姆林斯基说的："世界上没有才能的人是没有的。问题在于教育者要去发现每一位学生的禀赋、兴趣、爱好和特长，为他们的表现和发展提供充分的条件和正确引导。"

随着时间的推移，小L在这个充满爱与包容的班级氛围中逐渐发生了变化。他开始主动和同学们分享他的绘画作品，虽然话语不多，但那已经是巨大的进步。为了增强他的自信心，我让他挑选几幅画作挂在班级的墙上。当同学们围在他的画前，纷纷发出赞叹的时候，小L的脸上露出了羞涩的笑容。那笑容就像一道阳光，穿透了他心中那层厚厚的云层。

我还积极与小L的家长合作，共同为小L营造一个全方位的成长环境。小L的家长曾经非常担心他的未来，我经常与他们沟通，分享小L在学校的点滴进步。我们一起为小L制订了家庭学习计划，根据他的兴趣爱好，鼓励他在家里继续绘画创作，同时引导他参与一些简单的家务劳动，培养他的自理能力。就像列夫·托尔斯泰所说："全部教育，或者说千分之九百九十九的教育都归结到榜样上，归结到父母自己生活的端正和完善上。"小L的家长在这个过程中也不断地调整自己的教育方式，给予小L更多的正面鼓励和支持。

除了班级内部的环境营造，我还积极寻求学校的支持。我与心理老师联系，心理老师定期对小L进行心理辅导。心理老师通过游戏和互动的方式，帮助小L更好地理解自己的情绪，提高他的社交能力。学校也为小L提供了一些特殊的学习机会，比如参加学校的艺术社团活动。在艺术社团里，小L结识了更多有着相同兴趣爱好的同学，他在这个更大的环境中进一步拓宽了自己的视野，挖掘出了更多的潜能。

在这个过程中，我也遇到了很多困难和挫折。有时候，小L会突然因为一些无法预料的原因而情绪崩溃，他会在课堂上大喊大叫，或者把自己画的画撕得粉碎。这时候，我会感到很无助，但我知道，我不能放弃。我想起了海伦·凯勒的老师安妮·莎莉文，她面对海伦时，从未有过丝毫的退缩。她用自己的耐心和爱心，一点一点地打开了海伦的心灵之窗，让海伦学会了阅读、书写和说话。我告诉自己，我也要像安妮·莎莉文一样，用我的仁心去陪伴小L度过这些艰难的时刻。

每一次小L情绪崩溃后，我都会耐心地坐在他身边，等他平静下来，然后和他一起重新整理他的画作，或者给他讲一个温暖的小故事。我用我的行动告诉他，无论发生什么事，我都会在他身边。慢慢地，小L情绪崩溃的次数越来越少，他开始学会用一些简单的方式表达自己的情绪。

在小L的成长过程中，我深刻地体会到，一个充满爱、理解和包容的氛围对于特殊孩童来说是多么的重要。这个氛围就像阳光雨露，滋润着他们的心田，启发着他们的智慧，培育着他们的素养。每一个特殊孩童都有着无限的潜能，只要我们用仁心去对待他们，为他们营造合适的环境，他们就能够像小L一样，在自己的世界里绽放出独特的光彩。

班主任的责任不仅是传授知识，还要关注每一个孩子的成长需求，尤其是那些特殊孩童。我们要用我们的爱心、耐心和仁心，去挖掘他们的潜能，助力他们成长。就像泰戈尔所说："不是锤的打击，乃是水的载歌载舞，使鹅卵石臻于完美。"我们要成为那载歌载舞的水，让特殊孩童在我们的关怀下成为最完美的自己。

在未来的班主任工作中，我将继续秉持着这份仁心，为每一个孩子创造更好的成长环境，让他们在智慧和素养的道路上不断前行。我相信，只要我用心去做，每一个孩子都能够在自己的星空中闪耀最耀眼的光芒。

# 第六章 虔心践理——环境育人之施行

一个班级整体的成长需要良好的育人环境。就像植物需要适宜的土壤、阳光和空气一样,学生也需要在充满文化氛围的环境中接受熏陶。因此,我们要虔心践理,施行环境育人。

## 一、领悟理念,准备践行

**(一)深悟教育理,笃行育人方**

教育不是注满一桶水,而是点燃一把火。作为班主任,深刻领悟教育理念就如同握住了那把点燃学生内心火焰的火种。每一个教育理念背后都蕴含着对人性、成长和社会需求的深刻理解。教育的本质并非简单地将知识强行灌输给学生,而是要激发他们内心对知识的渴望、对成长的追求以及对世界的好奇。如果仅仅把学生当作被动接受知识的容器,那么教育就失去了其应有的活力和意义。

我还记得初为人师时,面对一群懵懂的孩子,我满脑子都是各种教育理论,却不知如何下手。那时我知道要激发学生的自主学习能力,但真正做起来却困难重重。直到我读到苏霍姆林斯基的教育理念,他强调教师要成为学生脑力劳动的指导者,要让知识"活"起来。这让我开始反思自己的教学方式。

我班有个叫小 M 的孩子,他对学习一直提不起兴趣,总是在课堂上走神。按照传统的教育方式,我可能会不断地批评他,但受到新教育理念的启发,我开始尝试了解他的兴趣所在。我发现他对历史故事很感兴趣,于是我就从历史故事入手，将历史故事与学科知识相结合。比如在语文课上，语文老师会提到相关的历史背景，这时就能吸引他的注意力。他开始主动参与课堂讨论，眼睛里也有了光芒。从他的转变中，我深刻地领悟到，教育理念不是空洞的口号，而是需要我们在实践中去摸索、去笃行的育人方法。只有深入理解教育理念的内涵，才能找到适合每个孩子的教育之路，真正点燃他们内心对知识的渴望之火。

（二）虔心崇理念，诚意化于行

"行是知之始，知是行之成。"教育理念如果仅仅停留在脑海中，就只是虚幻的构想，只有将其虔诚地付诸行动，才能发挥它的作用。班主任心中怀揣着先进的教育理念，这只是迈出了教育征程的第一步。例如，我们深知尊重学生个性差异的重要性，但如果在日常教学和班级管理中依然采用"一刀切"的方式对待所有学生，那么这种理念就毫无意义。将理念转化为行动，需要班主任在每一个教育细节上用心。

在班级管理中，我一直崇尚"尊重与信任"的教育理念。我相信每个孩子都有无限的潜力，只要给予他们足够的尊重和信任，他们就能茁壮成长。有一次，班级要参加学校的合唱比赛。在挑选领唱的时候，我没有按照传统的方式选择那些成绩好或者外表出众的孩子，而是鼓励每一个孩子试唱。有个平时很内向的小女孩，她怯生生地举起了手。同学们都有些惊讶，因为她平时很少在大家面前表现自己。

我微笑着鼓励她上台，她的声音虽然有些颤抖，但很纯净。我看到了她眼中的渴望和紧张，我对她说："你唱得非常好，你的声音就像春天里的第一缕微风，轻柔而充满希望。老师相信你在舞台上一定会大放异彩。"她听了我的话，眼睛里闪烁着惊喜和感动的泪花。在之后的排练中，她越来越自信，不仅领唱得非常出色，整个人也变得开朗了许多。这件事让我更加坚信，当我们怀着虔诚的心崇尚教育理念，并真诚地将其转化为行动时，就能在孩子的心中播下希望和自信的种子。

（三）真心信教育，实心践于途

"教育的根是苦的，但其果实是甜的。"真心相信教育的力量，才能在这条充满挑战的道路上坚定地践行下去。教育工作并非一帆风顺，它充满了各种困难和挑战。班主任需要面对学生性格的不同、学习能力的差异、家庭环境的影响等诸多复杂因素。有时候，教师尽管付出了很多努力，但学生的进步可能并不明显，这时候很容易产生挫败感。然而，正是因为相信教育具有改变命运、塑造灵魂的伟大力量，我们才能坚守岗位，持之以恒地努力。每一次耐心地解答学生的问题，每一次与家长深入的沟通，每一次对学生不良行为的纠正，都是在践行教育的使命。就像教育那些学习困难的学生，可能需要花费大量的时间和精力去寻找适合他们的学习方法，可能会面临多次失败，但只要坚信教育的力量，我们就不会轻易放弃。这种信念支撑着班主任不断克服困难，如同在黑暗中寻找光明的灯塔。当班主任看到学生们在知识的滋养下茁壮成长，在品德的熏陶下成为有担当、有责任感的人时，就会深刻体会到教育那甜蜜的果实，也会更加坚定地在教育的道路上继续前行。

曾经我遇到过一个让我头疼不已的班级，学生们纪律散漫，学习积极性不高，但我始终坚信教育能够改变他们。我从营造积极的班级氛围入手，每天早上我都会在黑板上写一句激励人心的话，比如"今天的努力是为了明天的辉煌"。我还组织了各种小组竞赛活动，无论是学习上的知识竞赛，还是生活中的卫生评比。

有一次，在知识竞赛中，有个小组的几个成员因为一个答案发生了激烈的争吵。我没有批评他们，而是引导他们通过查阅资料找到正确答案。在这个过程中，他们不仅学到了知识，还学会了如何尊重他人的意见。慢慢地，班级里的争吵声少了，讨论声多了；懒散的状态消失了，积极向上的氛围浓厚了。当我看到孩子们在期末考试中的成绩有了明显提高，看到他们在学校的各项活动中积极参与并取得成绩时，我感受到了教育果实的甜美。这让我更加坚定地相信，只要我们在教育之途上践行我们的信念，就一定能收获满满的幸福和成长。

## 二、打造环境，文化育人

(一) 文化润心灵，氛围育品德

"随风潜入夜，润物细无声。"文化就像无声的春雨，滋润着孩子们的心灵,良好的班级氛围则如同肥沃的土壤,培育着孩子们的品德。班级文化是一种无形的力量,它潜移默化地影响着学生的价值观和行为准则。我注重营造充满文化气息的环境。我在教室的墙壁上挂了许多名人名言的书法作品,如"勿以恶小而为之,勿以善小而不为"。这些简单而深刻的话语,就像一位位无声的导师,时刻提醒着孩子们什么是对,什么是错。

有一次,我发现教室里的垃圾桶周围有一些垃圾没有被扔进桶里。我没有直接批评同学们,而是在课堂上讲了一个关于爱护环境的故事。我讲的是甘地的故事,甘地一生都在倡导非暴力和爱护环境,他身体力行,哪怕是捡起一片小小的垃圾。讲完故事后,我看到很多同学都若有所思。第二天,我发现垃圾桶周围变得干干净净。我知道,是文化的力量在潜移默化地影响着他们的行为。这种文化氛围就像一股清泉,在不知不觉中洗涤着孩子们的心灵,让他们的品德修养不断提升。

下面是我在工作中总结的一些心得。

## 环境育人,润物无声

苏霍姆林斯基说:"用环境,用学生自己创造的周围情景,用丰富集体精神生活的一切东西进行教育,这是教育过程中最微妙的领域之一。"由学生自己创造的干净、简洁、健康的成长环境对于促进学生德智体美劳全面发展具有重要的意义。环境包括硬环境(班级卫生、班级布置、规章制度等)和软环境(人际关系、管理方式等)。良好的硬环境主要指班级的干净整洁,井然有序。这样的环境可以让学生平心静气,减少杂乱环境的干扰。这个环境需要班主任引领学生进行创设,并逐渐形成常态和习惯。这也是对学生进行"劳"和"美"的教育。

一、言传身教,示范引领

"00"后的孩子生活在一个相对优越的环境中,多数孩子很少或者干脆不做家务。初一刚入学,学生有为班级做贡献的热情,但是缺少基本的劳动技能,这就需要班主任手把手教会学生。这个时候我通常召开一次主题班会,主题确立为"我是班级的主人"。然后让学生指出班级日常生活中有哪些劳动工作需要每天进行，哪些劳动工作需要定期进行。经过仔细观察和讨论，学生们能够指出班级的地面卫生、黑板卫生、班级垃圾等是需要每天完成的劳动工作。窗台卫生、书柜、讲桌、前后门玻璃和玻璃窗等需要定期打扫。劳动工作明确后，经过讨论集体表决，女生负责每天黑板的清洁，男生负责班级垃圾的倾倒。其他日常劳动工作由值日小组每日认真完成。鉴于学生动手能力差、缺少劳动技能，我会在必要的时候指导学生完成劳动。有一次班级前门玻璃有手指印，我随机找了一个男同学擦玻璃。从他的动作我能推断出他从来没有擦过玻璃。我告诉他先对着污渍哈一下气，然后再擦效果很好。他不知道怎么哈气，我就教到他会为止。后来这位同学主动承担了前后门玻璃的清洁工作，每次都擦得光可照人。

　　按照以往带班的经验，班级的卫生工作有两个"顽疾"：一是地面的口香糖污渍和饮料污渍；二是班级垃圾多溢出垃圾桶。针对以上问题，我引导学生分析过量食用口香糖（不包括含片）、饮料及小食品的影响。学生们指出食用口香糖会导致龋齿，残渣分解时间较长会造成环境污染等。有的学生指出新加坡禁止在公共场合吃口香糖，因为口香糖是最难清除的垃圾之一。现在学生家庭条件较好，喝饮料、吃小食品已经习以为常。如何让学生意识到长期饮用饮料（尤其是碳酸类饮料）和食用小食品的弊端呢？我提前给学生布置一个任务，明天每人带一瓶饮料和一种小食品，学生们很开心。第二天的班小会时间，我让学生们把饮料或小食品的配料表内容写在黑板上，让学生说一说配料表中的一些名称的含义及作用，说不出的就用班级的电脑搜索一下。所有配料表内容弄清楚后，学生们失去了昨天的兴奋劲儿。我趁热打铁，让学生自己说出过量食用口香糖、饮料和小食品的弊大于利。于是班级达成共识：班级禁止吃口香糖、饮料和小食品（面包、牛奶等除外）。这样就有效地解决了班级卫生的两个"顽疾"。为了创设更整洁的班级环境，我们撤掉了垃圾桶，垃圾定时收取并倾倒到指定垃圾点，不能丢到公共区域的垃圾桶。一段时间后，班级卫生情况整体效果良好。

　　为了让班级更有生活的气息，班级还适当地养了一些花卉。班级通过招标的方式让学生认养花卉，负责日常的浇灌和假期的保管工作。

在我的带动和引领下，班级绝大多数学生学会劳动并热爱劳动。一年冬天的雪特别大，到了三月份，操场跑道上的冰雪还没有完全融化。一天中午，我拿了一把铁锹（学校清雪工具）清理冰雪。我班的学生用餐后也主动加入，清理冰雪的队伍扩大到30多人，经过一个中午的奋战，我们成功地把跑道上的冰雪清理完毕。我和学生们都很开心，也很有成就感。

班级环境干净、整洁，绿植绿意盎然，也会潜移默化地让学生懂得什么是美，怎么创造美。

我的班级一定有图书角。班级图书角的图书是按照教育部对初中学生阅读书目的要求设置的。

班级文化建设是指通过各种方式，营造一种积极向上、团结友爱、互相帮助的班级氛围，使班级成员能够在这样的氛围中共同成长和发展。以下是一些班级文化建设的建议：

●确定班级核心价值观：通过班会等形式，与学生共同讨论、确定班级的核心价值观，如团结、友爱、互助、进取等，并将其体现在班级的日常管理和活动中。

●制订班级规章制度：制订合理的班级规章制度，让学生明确班级的行为规范和要求，培养学生的自律意识和团队协作精神。

●打造班级环境：设计具有特色的班级布置，如板报、文化墙等，展示班级的风采和学生的优秀作品，营造出浓厚的文化氛围。

●开展主题活动：组织丰富多彩的主题活动，如团队建设活动、读书分享会、志愿服务等，培养学生的兴趣爱好和社会责任感。

●培养良好的学风：鼓励学生积极学习，组织学习讨论小组，让学生互相交流和帮助，共同提高学习成绩。

●建立师生互动机制：教师要关注学生的学习和生活情况，与学生建立良好的沟通和信任关系，及时给予学生指导和帮助。

●鼓励学生参与班级管理：让学生参与班级的管理和决策，如选举班干部、制订班级规章等，培养学生的自主管理能力。

● 树立榜样：教师和班干部要以身作则，成为学生的榜样，引导学生形成正确的价值观和行为习惯。

● 加强家校合作：教师与家长保持密切联系，共同关注学生的成长，形成教育合力。

● 定期评估和改进：教师定期对班级文化建设的效果进行评估，总结经验教训，不断改进和完善班级文化建设。

以上措施可以逐步建立起具有特色的班级文化，增强班级的凝聚力和向心力，促进学生的全面发展。

（二）环境塑品格，氛围陶性情

"蓬生麻中，不扶而直；白沙在涅，与之俱黑。"环境对孩子品格和性情的塑造有着不可忽视的作用。一个整洁、有序、充满文化气息的班级环境能够激发学生积极向上的品格。教室的布置可以体现出班级的特色和文化内涵，比如设置一个"荣誉角"，展示班级获得的各种荣誉以及学生个人的优秀成果，这会增强学生的集体荣誉感和自信心。在这样的环境中，学生们会更有动力去追求卓越。而班级的氛围，如民主、平等、和谐的氛围，会让学生感受到尊重和包容，有助于培养他们开朗、乐观的性情。相反，如果班级环境杂乱无章、充满负面情绪，则不利于学生的成长。

### "拆迁办"

鲁迅先生说："游戏是儿童最正当的行为，玩具是儿童的天使。"可是，我的这群"天使"的游戏是"拆迁"……

上周周二中午午休时，班长找我，说班级的窗帘杆掉下来了。我来到"案发现场"，现场一片狼藉。班级最前面的窗帘杆完全脱落，窗帘无力地躺在地上，无辜的花盆已经"粉身碎骨"，盆里的花儿还倔强地抬着头……无名之火蹿上我的心头，我大吼一声："谁干的？"三个男生悄无声息地站在我的面前，低着头。"怎么回事儿？"一个男生说："刚开始我站在窗户下，后来他俩来了，我们三个就互相挤着玩儿。当时窗帘是放下来的，结果挤着挤着,咔嚓一声,窗帘和窗帘杆儿就都掉下来了。"我怒视着他们,"你们是不是闲的,没事儿去把班级的卫生打扫一下。"于是他们拿起劳动工具打扫卫生。我联系家长修复窗帘杆。

这周周四下午大练习前,班长又来办公室找我,告诉我班级的门掉了。都说美丽的天使降临人间会给人们带来幸福吉祥,我的这群"天使"是上天派来惩罚我的吗?我觉得我的血往上涌,心跳骤然加快。我快步来到班级门口,此时班级门口围了一群同学,门倒在一边,合页还没有完全断裂。我强压怒火询问了情况,居然又是"窗帘杆事件"中的两个同学。我大声质问他们:"你们是找到更好的教室了吗?要把有用的东西拆下来搬到新教室吗?"周围的同学哄堂大笑。一个同学嗫嚅道:"我要进教室,他在门口堵着不让进,我就使劲推门,推着推着门就掉了。"从此,这两个同学被其他同学称为"拆迁办领导"。我还是照例找家长修门。

接下来班级讲桌的挡板掉了,五楼办公区的指示牌被破坏了,班级对应走廊的消防栓玻璃碎了……我的心也碎了。

这些损坏公物事件,既有学生疯闹的无心之举,又有别有用心的故意为之。几次三番地破坏公物,简单的发火和惩罚是不够的,找到导致一系列事件发生的原因才是关键。接下来我对经常损毁公共物品的几个同学进行了深入细致的调查了解,逐渐找到一些事情发生的原因。

W 同学生活在离异家庭,妈妈独立抚养他。她的妈妈由于忙于生计,平时对他疏于教导。我针对 W 同学的错误曾经与他的妈妈面对面沟通过。她妈妈从单位请假匆匆赶到学校,略显疲惫和憔悴。她对孩子在校表现略知一二,但是 W 同学现阶段比较叛逆,沟通困难,他的妈妈一脸无助。为了解决 W 同学的问题,我阅读了关于离异家庭孩子心理变化的相关文章及书籍。

相关研究表明,离异家庭学生在"学习焦虑"等多方面表现异常。

| | 单项分(X) | 人数($n=90$) | 所占比例(%) |
|---|---|---|---|
| 学习焦虑 | $X \geq 8$ | 58 | 64.44 |

续表

| | 单项分（X） | 人数（$n=90$） | 所占比例（%） |
|---|---|---|---|
| 对人焦虑 | $X \geq 8$ | 26 | 28.89 |
| 孤独倾向 | $X \geq 8$ | 35 | 38.89 |
| 自责倾向 | $X \geq 8$ | 52 | 57.78 |
| 过敏倾向 | $X \geq 8$ | 64 | 71.11 |
| 身体症状 | $X \geq 8$ | 48 | 53.33 |
| 恐怖倾向 | $X \geq 8$ | 43 | 47.78 |
| 冲动倾向 | $X \geq 8$ | 33 | 36.67 |

——戴莉《离异家庭小学生的心理健康状况及教育对策研究》

我回顾了W同学在校的种种表现。首先，他有学习焦虑，表现为恐惧考试，无法安心学习，经常在课堂上做一些扰乱课堂秩序的事情，成绩比较糟糕。其次，他具有冲动倾向，表现为自制力差，缺乏对冲动行为的控制。上述几起故意破坏公物的事件都与他有关。我想，他的问题不能用日常处理其他同类问题的办法，还要兼顾他的心理问题。

孟子说："吾善养吾浩然之气。"所谓"气"就是毅力、正气，即坚强的意志。W同学现在恰恰缺少的就是自制力和坚强的意志。如何在外界的帮助下培养他的自制力及坚强的意志，控制情绪情感的冲动呢？首先，我决定让他担任他所在小组的组长（之前他在班级没有任何职务），培养他的责任感，并逐渐向自制力等方面正向迁移。我在课间单独找他，告诉他想让他担任小组长的想法。那一刻他的眼睛一亮，然后小声说："我能行吗？"我笑着说："只要你认真，想为同学们做点儿事，大家会接受你的。"他说我试试吧。我私下又找小组的其他同学开了一个短会，把我的想法和意图告诉大家，希望大家能够支持他、帮助他。大家一致表示同意。我又叮嘱原小组长指导和帮助他。接下来就让他从收作业开始。他的第一个变化就是早晨到校的时间提前了，为的是不影响早晨收取本组同学的作业。一周过去了，他的情况比较稳定。每周五班小会各组小组长都要总结一周以来本小组的各方面表现，小组成员也要指出小组长的不足。在总结前，我让他到我办公室，问他准备得怎么样。他说就是非常紧张。一是面对大家说话紧张，二是怕同学们对他的工作不认可。我说你在发言时可以盯着后黑板上的某个字，慢慢就好了。关于你的日常工作，你如实说就可以，大家都看到了你的努力和进步。班小会他的发言获得了大家热烈的掌声。本组同学还客观地评价了他的工作，认为他工作认真，课堂纪律也有所好转。

如果改变一个存在问题的学生如此简单，那么教育就失去了它的存在价值和意义。接下来的日子，他有的时候还是情绪失控，与其他同学发生言语甚至肢体冲突。但是破坏公物的事情基本没有发生了。既然担任小组长不能完全解决问题，那么就再想办法。

苏联教育家马卡连柯说："不应当捏塑一个人，而应当锻炼出一个人。"坚强的意志是在克服困难的实践活动中磨砺出来的，父母离异，家庭破裂对学生而言是非常难以接受的，要使他们尽快接受现实，走向健康的生活、学习道路，在学校中培养他们良好的意志品质的最好途径就是让他们参加一些劳动和课外活动，鼓励他们积极参加实践活动，并通过实践活动付出艰辛和努力，达到成功的目的。

"拆迁办"这一绰号是同学们给班级里另一部分精力旺盛的同学取的。他们总是因为疯闹而导致公物受损。这一情况引起了我的重视，我觉得必须采取措施引导他们，也借此改善班级氛围，塑造他们的品格，陶冶他们的性情。

于是，我给这些同学出了一道选择题。选项 A 是组织运动小组，每天到操场跑步，且不少于 2000 米；选项 B 则是由他们承担班级大扫除任务，定期打扫班级卫生。没想到，他们的选择惊人一致——B 选项。

这些平日里调皮捣蛋的孩子，在大扫除这件事上却表现得格外认真。每次大扫除时，他们都会让其他同学到操场上活动，然后自己开始有条不紊地打扫。他们先把桌椅规规矩矩地归拢在一起，接着先扫地，再仔细地刷地，每个环节都做得井井有条。偶尔，在午休时间还能听到他们粗犷的歌声从教室里传出来，那是他们在劳动时不自觉唱出的曲调。

当我检查他们的劳动成果时，总是会被惊艳。班级被打扫得干净整洁，地面一尘不染，光亮得都能照出人影。那一届学生的大扫除水平堪称一流，即便许多年过去了，这一画面也常常在我脑海中浮现，让我十分怀念。

初中生正处于对世界和生活充满好奇的成长阶段，他们就像一块等待雕琢的璞玉。兴趣是一个人积极探究某种事物的心理倾向，在这个阶段，他们可以积极培养自己的兴趣爱好。而这些同学在大扫除中找到了乐趣，也在这个过程中学会了承担责任。

随着这样的活动的持续开展，整个班级的氛围也发生了显著的变化。原本因为他们的调皮而略显浮躁的班级氛围变得更加和谐、友爱了。这种积极向上的班级环境就像一个大熔炉，不断锤炼着孩子们的品格，使他们那些过于活泼甚至有些莽撞的性情逐渐变得温和、友善起来。在这个充满正能量的环境里，每个孩子都在潜移默化中受到影响，不断地成长和进步。

（三）氛围启智慧，环境育素养

初中的孩子们正处在身心迅速发展、价值观逐渐形成的关键时期。他们如同即将展翅高飞的幼鹰，需要一片适宜的天空来磨砺翅膀。而班级环境，就是这片能助力他们成长的天空。

刚接手这个班级时，我就意识到，教室的布置是营造育人环境的重要一环。教室，不应仅仅是一个传授知识的场所，还应是一个能激发智慧、培育素养的文化殿堂。我在教室的后方设置了一个"文化墙"，这面墙就像是班级的灵魂之窗。我将它分为几个板块，其中一个板块是"名人风采"。我让学生精心挑选了一些对人类文明有着卓越贡献的名人，从科学家爱因斯坦到文学家鲁迅……学生在每个名人的画像下都配上了他们的一句名言以及简短的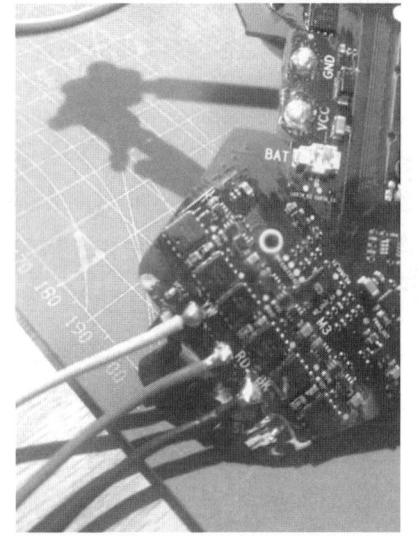生平事迹。爱因斯坦那充满智慧的眼神仿佛在告诉孩子们："想象力比知识更重要，因为知识是有限的，而想象力概括着世界上的一切，推动着进步，并且是知识进化的源泉。"每次看到孩子们在课间围在文化墙前，认真地阅读这些名人的故事时，我就仿佛看到了一颗颗智慧的种子在他们心中种下。班级里有个叫小 Z 的学生，初一第一次期中考试所有学科都不及格。他最大的特点就是懒。但是我通过与家长沟通得知他动手能力特别强，在没学习物理知识时就能组装无人机，自己焊接。于是，我和他聊爱因斯坦三个小板凳的故事，聊发明大王爱迪生。提醒他，要想进一步发展就必须学好数学、物理等学科，把能力提升到一个新的高度。之后，他像是被注入了一股新的力量，学习成绩逐渐提高。

在教室的一侧，我开辟了一个"梦想起航"的区域。这里贴满了孩子们的梦想纸条。每个孩子都认真地写下了自己的梦想，有的想成为一名优秀的律师，为正义发声；有的想成为一名宇航员，探索浩瀚宇宙。这个区域就像是一片梦想的海洋，充满着无限的希望。我经常会在这个区域驻足，看着那些或稚嫩或坚定的字迹，我深知这些梦想是孩子们内心深处最宝贵的东西。我也会利用这个区域来激励孩子们。当他们在学习或者生活中遇到挫折时，我会带他们来到这里，告诉他们："一个人可以非常清贫、困顿、低微，但是不可以没有梦想。只要梦想一天，只要梦想存在一天，就可以改变自己的处境。"这是奥普拉·温弗瑞的名言，我希望这句话能像灯塔一样，照亮孩子们前行的道路。

班级的文化育人环境还体现在师生关系和生生关系上。我努力营造一种平等、尊重、信任的师生关系。我不会以高高在上的姿态对待孩子们，而是把他们当作朋友一样交流。当孩子们犯错时，我不会一味地批评指责他们，而是耐心地倾听他们的想法。有一次，班级里的小阳在课堂上玩手机被我发现了。按照学校的规定，这是不允许的。但是我没有当场没收他的手机并严厉批评他，而是在课后把他叫到办公室，温和地问他："小阳，我看到你今天在课堂上玩手机了，能告诉我是为什么吗？"小阳一开始有些害怕，不敢说话。但是在我的耐心引导下，他告诉我，他最近和家里人闹矛盾了，心情很不好，想通过玩手机排解一下。我理解他的感受，然后和他一起分析了在课堂上玩手机的错误性，并且给他一些处理家庭矛盾的建议。从那以后，小阳再也没有在课堂上玩手机，而且他和我的关系也更加亲近了，遇到问题也会主动来找我倾诉。

在生生关系方面，我鼓励孩子们互相帮助、互相包容。初中的孩子正处在青春期，有时候会因为一些小事而产生矛盾。我会引导他们学会换位思考。有一次，两个女生因为座位的空间问题发生了争吵。我把她们叫到一起，让她们分别站在对方的角度去思考这个问题。很快，她们就意识到了自己的错误，互相道歉并且重新成了好朋友。我告诉孩子们："真正的朋友是一个灵魂孕育在两个躯体里。"这是亚里士多德的名言，我希望孩子们能珍惜彼此之间的友谊，在一个和谐友爱的班级环境中成长。

学校的活动也是营造育人环境的重要组成部分。学校每年都会举办科技节，我会鼓励孩子们参与。在科技节开始之前，我会组织班级里的科技爱好者成立一个小团队，一起策划和准备参赛项目。我们一起讨论创意，查找资料，动手制作。在这个过程中，孩子们的创新思维和实践能力得到了极大的锻炼。有一年，我们班级的团队制作了一个简易的太阳能风扇。从最初的设计理念到最后的成品展示，孩子们经历了无数次的失败。当他们在科技节上展示自己的作品时，那种自豪和成就感是无法用言语形容的。这不仅让孩子们在科技方面的素养得到了提升，还让他们懂得了坚持和团队合作的重要性。

此外，学校的运动会也是一个很好的育人契机。我会组织班级里的同学为参加运动会的选手加油助威。我们一起制作加油标语，设计啦啦队的表演。在运动会上，无论是参加比赛的同学还是在一旁加油的同学，都能感受到那种团结一心、奋力拼搏的氛围。当看到我们班级的运动员在赛场上挥洒汗水，其他同学在看台上大声呐喊助威时，我深深感受到了这种集体活动对于增强班级凝聚力和提升孩子们的素养的重要性。就像魏书生所说："班级像一座长长的桥，通过它，人们跨向理想的彼岸。"我希望这些学校活动能让孩子们在这座桥上更加稳健地走向自己的理想。

班级的环境育人是一项长期而细致的工作，需要班主任虔心践行。每一个角落的布置，每一种氛围的营造，每一次活动的组织，都是为了让初中的孩子们在这个充满文化气息、积极向上的环境中开启智慧之门，培育良好的素养，向着自己的梦想展翅高飞。而我，也将继续在这条道路上，用爱与责任为孩子们打造更美好的成长环境。

### 三、理念落地,全面渗透

(一) 理念融教学,思想渗课堂

"师者,所以传道受业解惑也。"于课堂教学而言,将教育理念融入其中的重要性不言而喻。教师,不仅是知识的搬运工,还是学生思维与价值观的塑造者。在教学进程里,现代教育理念,诸如以学生为中心、注重思维培养等,需渗透到每一个教学环节中,就像涓涓细流融入大地。教育理念宛如灵魂,注入课堂教学的躯壳,使课堂变为学生收获知识、构建思维的殿堂。

我身为初中历史老师,始终秉持"以学生为中心"的教学理念。在我的课堂上,我不再是那个滔滔不绝的主角,而是默默引导学生探索历史长河的引路人。

就拿讲解"丝绸之路"这一历史内容来说吧。我会先给同学们一些关于丝绸之路的基础资料,让他们自己阅读、梳理丝绸之路的路线、起始点以及在当时的重要意义等基本信息。这就像是交给他们一把开启历史大门的钥匙,让他们先自己探索门后的世界。

之后,我组织同学们进行小组讨论。每个小组就像一个小小的历史研究团队。同学们热烈地交流自己的发现和思考。这时,有个同学提出了一个很有趣的问题:"老师,丝绸之路除了促进贸易往来,对当时不同地区的文化交流具体有哪些深远的影响呢?"这个问题就像一颗投入平静湖面的石子,瞬间激起千层浪。

同学们纷纷各抒己见。有的同学提到了佛教文化,沿着丝绸之路从印度传入中国,对中国的宗教、艺术和哲学产生了不可磨灭的影响;有的同学则说到了西域的舞蹈、音乐等艺术形式传入中原地区,丰富了中原人民的娱乐生活。我在同学们讨论的基础上,进一步引导他们深入思考。我给他们补充了一些当时不同地区文化交流的具体事例,像敦煌莫高窟的壁画,融合了多种文化元素,就是丝绸之路文化交流的璀璨结晶。

通过这样的方式,同学们不仅记住了丝绸之路的历史事实,还学会了像历史学家一样思考,从不同的视角剖析历史事件的多元影响。这种将教育理念融入教学的方法，把传统意义上枯燥的历史知识传授课堂，转变成了充满活力的思想交锋战场，让每一个同学都能在课堂上成为探索历史奥秘的主人，真正实现了教育理念与课堂教学的完美融合。

（二）哲理入活动，观念浸日常

"生活即教育。"将哲理融入班级活动，让教育观念渗透到学生的日常生活中，能够让教育更加深入人心。班级活动是学生校园生活的重要组成部分，也是实施教育的有效载体。如教师在组织户外拓展活动时，可以融入团队合作的哲理，设计一些需要团队协作才能完成的任务，如拔河比赛、搭建帐篷等，让学生们在实践中体会到团队合作的重要性。在这个过程中，他们会深刻理解个人力量有限，只有团结协作才能实现目标的哲理。在日常的班级管理中，也可以将一些教育观念渗透进去。比如倡导节约的观念，可以开展"节约小能手"的活动，倡导学生在日常生活中节约用水、用电、用纸等。这样的活动让学生在日常生活中不断践行节约的观念，将其内化为自己的行为习惯。将哲理融入班级活动和日常管理，教育观念不再是抽象的概念，而是学生生活中实实在在的行为准则，使教育与生活紧密结合。

作为一名班主任，我深知教育不仅仅局限于课本知识，更重要的是培养学生健全的人格。于是，我精心组织了一次名为"感恩之旅"的班级活动。

在活动开展之前，我在教室里给同学们讲述了许多关于感恩的哲理，其中"滴水之恩，当涌泉相报"这句古老的智慧话语是重点。我看到同学们那一双双纯真的眼睛里充满了疑惑与好奇，我知道，他们需要亲身体验，才能真正理解感恩的深刻内涵。

我给同学们布置了一个特殊的任务：回家仔细观察父母的日常劳作，认真记录父母为自己做的每一件事情。同学们带着任务离开了教室，而我满心期待着这次活动能够在他们心中种下感恩的种子。

活动当天，教室里弥漫着一种温暖而又略带感伤的氛围。同学们纷纷走上讲台分享自己的观察结果。一位同学缓缓站起来，声音有些颤抖地说："我发现妈妈每天早上都会早起为我做早餐。天还没亮，她就轻手轻脚地走进厨房，生怕吵醒我。不管她前一天工作有多累，第二天早上那热腾腾的早餐从未间断过。她总是变着法儿地做我爱吃的东西,我以前却觉得这是理所当然的。"说完,他的眼睛红了。

紧接着,另一位同学也分享道:"我看到爸爸为了家庭的生计,每天辛苦地工作。他的背有些驼了,头发也渐渐变白。他每天早出晚归,承受着巨大的压力,却总是在我面前表现得很轻松,就为了让我能安心读书。"这位同学的泪水忍不住流了下来。

在同学们分享的过程中,教室里不时传来轻轻的抽泣声。我看到每一个同学的眼神中都充满了对父母的感激之情,那是一种从未有过的深情。

从那以后,我惊喜地发现同学们在日常生活中发生了巨大的变化。他们变得更加懂事了,不再是那个只知道索取的孩子。他们会主动帮父母做家务,洗碗、扫地、拖地都不在话下。在父母生日的时候,他们不再是简单地说一句"生日快乐",而是送上自己亲手制作的礼物,可能是一张充满爱意的贺卡,也可能是一个手工编织的小物件。

以下是学生的心得感悟记录。

### 感恩父母:一场心灵的觉醒

在参加"感恩之旅"活动之前,我从未真正用心去体会父母为我做的一切。"感恩"这个词对我来说就像课本上一个抽象的概念,我知道它的含义,却从未有过深刻的感触。

活动中,当同学们一个个走上讲台分享自己的观察结果时,我的内心受到了极大的震撼。那些平日里被我忽视的细节,如同一颗颗石子投入我心中平静的湖面,泛起层层涟漪。

我想起了我的妈妈,她总是默默地承担着家中的一切家务。每天放学回家,迎接我的总是一尘不染的房间和散发着香气的饭菜。我却总是把书包一扔,就坐在沙发上玩手机,对妈妈的辛劳视而不见。有一次,我半夜发烧,妈妈心急如焚,一夜未眠,不停地给我换毛巾、量体温。当时的我,迷迷糊糊中只觉得有妈妈在身边很安心,却没有意识到这背后是妈妈无尽的担忧和爱。

我的爸爸，为了给我创造更好的生活条件，每天都在忙碌地工作。他经常加班到很晚，拖着疲惫的身躯回家，却还要关心我的学习情况。而我，却总是抱怨他没有太多时间陪我，对他的付出毫不在意。

这次活动就像一束光照进了我内心黑暗的角落，让我看到了自己的无知和自私。从那以后，我开始尝试改变。我主动承担一些家务，虽然只是扫地、洗碗，但我能看到妈妈脸上欣慰的笑容。在爸爸生日的时候，我用自己积攒的零花钱给他买了一个小蛋糕，当我对他说出"爸爸，生日快乐，您辛苦了"的时候，爸爸的眼睛湿润了。

感恩，不仅仅是一种情感，还是一种行动。通过这次"感恩之旅"，我真正懂得了父母的爱，也明白了自己应该如何回报他们。这是一场心灵的觉醒，让我在成长的道路上迈出了坚实的一步。我知道，未来的日子里，我会用更多的爱和行动感恩父母，让他们感受到我对他们深深的敬意和爱意。

## 感恩：在生活中绽放的花朵

"感恩之旅"活动宛如一阵春风，吹开了我心中那扇对父母感恩的大门。

以前，我总是心安理得地享受着父母给予的一切。每天早上被妈妈温柔的声音唤醒，吃着她精心准备的早餐，穿着干净整洁的衣服，背着爸爸给我买的书包去上学。我觉得这一切都是那么自然，从未想过这背后是父母无数的心血。

在活动中，同学们分享的故事让我陷入了深深的反思。我想到妈妈在寒冷的冬天用她那粗糙的手在冰冷的水里为我洗衣服的情景。那双手，曾经也是纤细光滑的，是岁月和家务的磨砺让它变得粗糙。而我，却还总是挑剔衣服洗得不够干净。爸爸为了让我能有更多的学习机会，努力工作赚钱，有时候为了一个项目忙得焦头烂额，可我还在为他不能陪我参加学校的活动而生气。

这次活动之后，我决定用自己的行动表达对父母的感恩。我开始学着妈妈的样子，早起为他们做早餐。虽然第一次做的早餐并不美味，但妈妈吃得格外开心，她的眼中满是惊喜和感动。我也会在爸爸下班回家时，给他端上一杯热茶，陪他聊聊一天的工作。这些小小的举动，让我看到了父母眼中从未有过的幸福。

感恩就像一朵在生活中绽放的花朵，它的芬芳弥漫在家庭的每一个角落。我明白了，父母的爱如同涓涓细流，默默地滋润着我成长的心田。而我，也要成为他们生活中的一抹温暖，用我的爱去回报他们的爱。这次"感恩之旅"活动，让我从一个不懂事的孩子变成了一个懂得感恩、珍惜亲情的少年。我会让这朵感恩之花永远盛开在我的心中，让它的美丽永远绽放在我和父母的生活里。

## 感恩之心，因活动而觉醒

"感恩之旅"这个活动对我来说就像是一场灵魂的洗礼，让我油然而生对父母的感恩之情。

在活动之前，我对父母的付出习以为常。妈妈每天精心打理着家中的一切，从买菜做饭到整理衣物，每一个细节都处理得井井有条。爸爸则努力工作，为家庭撑起一片天空。而我，却像一个置身事外的旁观者，只关注自己的喜怒哀乐。

当同学们在活动中分享父母的故事时，我仿佛看到了一幅幅熟悉而又陌生的画面。我想起妈妈无数次在深夜为我检查作业，她那专注的眼神和疲惫的神情。她总是耐心地为我讲解每一道错题，哪怕我有时候因为不耐烦而冲她发脾气，她也从不抱怨。爸爸为了让我能有更好的教育资源，省吃俭用，努力工作。他总是把最好的东西留给我，自己却舍不得多花一分钱。

活动之后，我开始主动关心父母。我会在妈妈做饭的时候帮忙洗菜、切菜，听她唠叨一些家常小事。我发现，原来和妈妈一起做饭是一件如此

> 温馨的事情。在爸爸休息的时候，我会陪他一起看他喜欢的新闻节目，给他捶捶背。这些简单的互动，让我和父母之间的关系变得更加亲密。
>
> 　　这次"感恩之旅"活动让我深刻地认识到，感恩不是一句空洞的口号，而是实实在在的行动。父母给予我们的爱是无私的、无尽的，我们不能只在需要的时候才想起他们，而是要在日常生活中时刻怀着一颗感恩之心。我相信，只要我们心中有感恩，生活就会充满爱和温暖。我会带着这份感恩之心在成长的道路上不断前行，用我的爱去回报父母那深沉而伟大的爱。

　　此次"感恩之旅"活动让我深刻地认识到，教育不仅仅是在课堂上传授知识，还要将哲理融入班级活动，将教育观念渗透到学生的日常生活中。只有这样，才能让学生们在实践中体会、成长，让教育真正成为他们生活的一部分。这也让我更加坚定了在教育之路上不断探索创新，用更多有意义的活动引导学生走向美好的未来的信念。

　　（三）理想贯教育，信念植心田

　　"志不立，天下无可成之事。"在教育过程中，将理想信念贯穿其中，将其深植于学生的心田，能够为他们的成长提供强大的动力。理想信念是学生成长道路上的灯塔，指引着他们前进的方向。班主任要通过多种方式将理想信念教育融入学生的学习和生活中。在课堂上，可以讲述一些伟大人物为了理想信念不懈奋斗的故事，如科学家钱学森克服重重困难回国投身科研事业，他的爱国情怀和对科学的执着追求就是理想信念的体现。这些故事能够激发学生内心的敬仰之情，让他们明白理想信念的力量。在班级文化建设中，也可以突出理想信念的主题，例如在教室的黑板上设置一个"梦想起航"的板块，让学生们写下自己的理想和为实现理想而制订的短期目标。同时，班主任要关注学生在追求理想过程中的困惑和挫折，及时给予他们鼓励和引导。当学生们在心中种下了理想信念的种子时，他们就会在学习和生活中充满动力，克服困难，为实现自己的理想而努力拼搏，朝着自己的目标努力前行。

　　在我多年的班主任生涯中，班会课一直是我与同学们心灵沟通的重要时刻，谈论理想则是这个时刻最闪耀的主题。每一次，我都会怀着满腔的热忱给他们讲述那些名人的理想故事，希望这些故事能像星星之火，点燃他们内心的激情。

周恩来总理"为中华之崛起而读书"的故事是我每次必讲的。当我讲述这个故事时，我能看到同学们眼中闪烁着不同的光芒，有敬佩，有向往，也有沉思。我希望他们能从这些伟大人物的故事中汲取力量，找到自己前行的方向。

在一次班会课上，同学们积极地分享自己的理想，有的想成为科学家探索宇宙的奥秘，有的想成为艺术家描绘世间的美好。然而，在这一片热烈的氛围中，我注意到角落里的他。他是一个成绩不太理想的孩子，平时总是低着头，对学习也提不起什么兴趣，此刻，他正静静地听着同学们的发言，眼神中却透露出一丝迷茫和黯淡。

班会课结束后，同学们陆续离开教室，他却慢慢地走向我，脚步有些犹豫。当他站在我面前时，我看到他的眼睛里有了一种从未有过的坚定。他轻声对我说："老师，我以前觉得学习没有什么意义，每天就是浑浑噩噩地过日子。但是今天听了大家的话，我突然觉得自己不能再这样下去了，我也应该有自己的理想。"他停顿了一下，然后抬起头，看着我的眼睛说："老师，我想成为一名医生，帮助那些生病的人。每次看到生病的人那么痛苦，我就想如果我能让他们好起来该多好。"

我看着他，内心一阵激动，我仿佛看到了一颗沉睡的种子正在苏醒。我轻轻拍了拍他的肩膀，鼓励他说："你的理想很伟大啊，孩子。医生是一个非常神圣的职业，他们就像天使一样守护着人们的健康。但是你要知道，实现这个理想并不容易，需要你付出很多的努力。你现在的学习就像是在为这个理想搭建阶梯，从现在开始，你要认真对待每一堂课，每一次作业，每一个知识点，它们都是你走向理想的基石。"

他用力地点了点头，说："老师，我知道了。我以前浪费了太多时间，但是我现在想努力试一试，我不想再让自己失望，也不想让您失望。"他的声音有些哽咽，我能感受到他的决心和对过去的懊悔。

从那以后，他真的像变了一个人似的。课堂上，他不再是那个无精打采的孩子，而是全神贯注地听讲，眼睛紧紧跟着我，生怕错过任何一个知识点；

课后，他也不再贪玩，总是主动找同学请教问题，认真完成作业。他的努力就像涓涓细流，虽然每一次的进步都很微小，但日积月累，他的成绩在逐渐提高。

看着他的变化，我心中满是欣慰和感动。这个孩子的转变让我深刻地认识到，理想信念的力量是无穷的。在教育的道路上，班主任不仅仅是知识的传授者，还是学生心灵的引导者。我们将理想的种子播撒在学生的心田，用耐心和爱心去浇灌，种子就会生根发芽，成为他们前行的动力源泉。每一个孩子都像是一颗等待被点亮的星星，只要我们用心去引导，他们就能在自己的星空中绽放出耀眼的光芒。这也更加坚定了我在教育之路上继续前行的信念，我愿意用自己的专业素养和教育情怀，去点亮更多孩子的梦想，让他们在追逐理想的道路上勇往直前。

# 第七章　清心自育——自身成长之求索

在充满文化氛围的育人环境里,学生们在潜移默化中受到熏陶,思想和素养不断提升。但教育者不能只关注外部环境的塑造,还需要审视自身。就像一面镜子,要想反射出明亮的光,自身必须保持光洁。班主任自身的成长与发展至关重要,需要班主任清心自育,在自我成长的道路上不断求索。

## 一、认识自我,寻找方向

### (一)虚心求学识,静心修素养

"问渠那得清如许?为有源头活水来。"在班主任的漫漫成长之路上,学识与素养犹如那源头的活水,是滋养我们教育生涯的无尽源泉。作为一名初中班主任,我深刻地认识到,教育绝非简单的知识传递,而是一场灵魂与灵魂的对话,而这需要我们拥有深厚的学识底蕴和高尚的素养。

在求知的道路上,我始终保持着一颗虚心的心。教育的领域广阔无垠,犹如浩瀚星空,每一颗星星都代表着一个未知的知识领域。我深知自己犹如在星海中航行的探索者,必须不断地汲取新的知识,才能照亮学生前行的道路。我常常沉浸于各类书籍之中,从教育心理学到文学名著,从历史传记到科学前沿。每一本书都是一扇通往新世界的大门,每一次阅读都是一次心灵的洗礼。

就像苏霍姆林斯基,他一生都在不断地学习和探索。他深入研究儿童的心理,阅读大量的教育著作,还广泛涉猎文学、艺术、历史等多个领域的知识。他的教育理念之所以能够深入人心,影响一代又一代的教育者,正是因为他拥有渊博的学识。他将这些知识巧妙地融入教育实践中,让每一个孩子都能在知识的花园里茁壮成长。

在我的班主任工作中,也有这样的经历。有一次,班级里开展关于传统文化的主题班会。为了能让学生深入了解传统文化的内涵,我在班会前进行了大量的阅读和学习。我阅读了《论语》《孟子》等经典著作,还研究了古代民俗文化的相关书籍。在班会上,我能够旁征博引,从孔子的教育思想谈到民俗文化的意义。学生们的眼睛里闪烁着好奇与求知的光芒,他们被传统文化的魅力吸引。那一刻,我深刻地体会到,只有自己拥有丰富的学识,才能在学生心中播下知识的种子。

然而,班主任仅有丰富的学识是不够的,还需要有高尚的素养。素养是一种内在的品质,它体现在我们的言行举止、待人接物之中。在日常的教育工作中,我时刻提醒自己要保持冷静、平和的心态。面对学生的错误,我不再是简单地批评指责,而是以一种宽容和理解的态度去引导他们。

曾经有一个学生在课堂上总是调皮捣蛋,影响其他同学学习。最初看到他这样的行为,我真想严厉地批评他一次,让他立刻改正。然而,就在我即将发火的那一瞬间,我想起了有关苏霍姆林斯基的一个教育故事。

苏霍姆林斯基在担任校长期间,有一个男孩在学校的花园里折下了一朵盛开的玫瑰。苏霍姆林斯基看到后并没有立刻惩罚这个孩子,而是温和地问他为什么要这么做。男孩怯生生地说,他的奶奶病得很重,他想把这朵美丽的玫瑰送给奶奶,让她高兴。苏霍姆林斯基听了之后,不仅没有责备男孩,反而又摘了两朵玫瑰送给男孩,并且对他说:"一朵送给你的奶奶,希望她早日康复;另一朵送给你,因为你有一颗充满爱的心。"这个男孩深受感动,从此变得更加懂得关爱他人,在学校里也表现得更加积极向上。

受到这个故事的启发,我强压下心中的怒火,决定换一种方式来对待这个调皮的学生。下课后,我把他单独叫到办公室,心平气和地与他进行了一次深入的谈话。我没有指责他的错误行为,而是轻声问他:"在课堂上那么做,是不是有什么特别的原因呀?"他一开始还有些抵触,低着头不说话。我耐心地等待着,过了一会儿,他才小声地说,他觉得课程枯燥,坐在那里感觉很无聊,因此才忍不住捣乱。

听到他的回答，我并没有责备他，而是微笑着说："原来如此，其实让课堂变得有趣是我们大家都可以努力的事情呢。"于是，我开始和他一起探讨如何让课堂变得更有趣。我们讨论了很多方法，比如增加课堂互动环节、引入一些有趣的实例或者故事等。他也积极地提出了自己的建议，眼中逐渐有了光彩。

从那以后，这个学生就像变了一个人似的。课堂上，他不再调皮捣蛋，而是积极参与课堂讨论，还会主动分享一些有趣的想法。他的改变也带动了周围的同学，整个课堂氛围变得更加活跃和积极向上。这件事情让我深刻地认识到，教育需要智慧和耐心，有时候一个充满理解和关爱的引导，远比严厉的批评更能打动学生的内心，促使他们积极地改变自己。

在这个喧嚣的世界里，班主任要学会静下心来，培养自己的素养。我们要像一面镜子，用自己的言行反射出真、善、美，让学生在潜移默化中受到感染。只有这样，我们才能在教育的道路上走得更远，成为学生成长道路上真正的引路人。

（二）诚心探教育，专心研教法

"路曼曼其修远兮，吾将上下而求索。"教育是一条充满探索的道路，需要我们怀着一颗诚心探寻其真谛，专心研究教学方法。作为初中班主任，我们不仅要关注学生的学习成绩，还要关注他们的全面发展，这就要求我们不断地探索教育的本质，寻找最适合他们的教学方法。

诚心，是对教育事业的敬畏与热爱。教育是神圣的事业，它关乎着国家的未来、民族的希望。每一个学生都是一颗独特的种子，蕴含着无限的潜力。班主任就像是园丁，要用心呵护这些种子，让它们在合适的土壤中生根发芽。我常常思考，教育的真正目的是什么？是仅仅为了让学生考上好学校，还是为了培养他们成为有道德、有智慧、有创造力的人？在与学生相处的过程中，我逐渐明白，教育是为了让每一个生命都能绽放出自己的光彩。

就像著名教育家魏书生，他以一颗赤诚之心投身教育事业。他相信每一个学生都有自己的优点和潜力，他利用民主的方式管理班级，让学生成为班级的主人。他的教育方法不是简单地灌输知识，而是引导学生自我管理、自我教育。他深入研究教育的本质，将自己的教育理念贯穿于日常教学和班级管理之中。他的成功告诉我们，只有诚心对待教育，才能找到适合学生的教育方式。

在我的班主任工作中，我也在不断地探索教育的真谛。我发现每个学生都有自己的学习风格和节奏。有些学生擅长通过阅读来学习，有些学生则更倾向于实践操作。为了满足不同学生的学习需求，我开始尝试多样化的教学方法。

专心研究教法还需要我们关注教育的时代性。

我深知学校里那些优秀老教师是一座座蕴含无尽智慧的宝库。他们经历了教育的风雨变迁，积累了丰富的教学经验，他们的经验如同夜空中的北斗星，能为我在探索教育教法的道路上指引方向。

我主动寻找机会向一位备受尊敬的老教师"取经"。走进他的办公室，那满架的教育书籍和墙上挂满的学生感谢信仿佛都在诉说着他辉煌的教育历程。我向他倾诉了在适应新教育技术过程中遇到的困惑，比如如何在多媒体教学中避免信息的过度堆砌，以免分散学生的注意力。老教师微笑着，开始分享他的见解。

他谈到，多媒体教学确实是一把双刃剑，关键在于如何巧妙运用。他回忆起自己刚开始接触多媒体教学时也曾感到无所适从。但他通过不断学习和实践，总结出一个原则：多媒体资源应是为教学目标服务的辅助工具，而非主角。他以自己的一堂历史课为例，在讲述古代文明时，他精心挑选了几张具有代表性的图片和一段简短的纪录片，这些素材简洁而精准地展现了古代文明的风貌，既激发了学生的兴趣，又没有让过多的信息干扰学生对重点知识的理解。

对于在线教育平台的运用，老教师也有着独特的看法。他认为，在线平台不应只是简单地将线下课程搬到线上，而要充分挖掘其互动性和拓展性的优势。他鼓励我设计一些只有在线上才能更好开展的教学活动，比如线上小组项目式学习。他讲述了自己组织学生进行线上历史文化研究项目的经历，学生们通过在线平台打破地域限制，收集不同地区的历史资料，然后进行小组讨论和整合，最后形成研究报告。这种方式不仅提高了学生的自主学习能力，还培养了他们的团队协作精神。

老教师还强调了在教学方法改进过程中了解学生需求的重要性。他说，教育的核心是学生，我们的教学方法必须围绕学生的成长需求设计。他经常会与学生进行深入的交流，了解他们对知识的掌握情况以及对教学方式的感受。他告诉我，曾经有学生反映传统的课堂讲解过于枯燥，他便尝试在课堂上引入角色扮演的方式来讲解文学作品中的人物关系，结果学生们的积极性大大提高。

在与老教师的交流中，我深刻体会到，在探索教育教法的道路上，虽然会面临各种困难，但前辈们的经验就像一盏明灯，为我们照亮前行的路。他们用自己的实践告诉我们，无论是传统的教学手段还是新兴的教育技术，都要以学生为中心，用心去融合、去创新。他们的坚持和智慧激励着我不断地尝试新的教学方法，在反思中改进，在改进中成长，让教育真正成为滋养学生心灵、助力学生成长的伟大事业。

我明白，从老教师那里取来的"经"，不仅仅是一些具体的教学技巧，还是一种对教育事业的热爱和执着的精神传承。这种传承将促使我在教育的道路上不断前行，怀着诚心和专心，去点亮更多学生的心灵火把。

（三）恒心追卓越，决心提能力

"锲而舍之，朽木不折；锲而不舍，金石可镂。"在班主任的自身成长之途中，恒心与决心是不可或缺的品质。追求卓越并非一蹴而就的事情，它需要我们持之以恒地努力，下定决心不断提升自己的能力。

恒心，是一种对目标的执着追求。教育领域日新月异，不断有新的教学理念、教学方法涌现。作为班主任，我们要时刻保持对卓越的追求，不能满足于现状。每一次的教育改革都是一次提升自己的机遇，我们要以恒心为舟，在教育的浪潮中破浪前行。

以李镇西老师为例，他在教育岗位上默默耕耘多年，始终没有停止过追求卓越的脚步。他不断地学习新的教育理论，将民主、平等的教育理念融入班级管理和教学中。他坚持写教育日记，记录自己的教育思考和实践经验。

几十年如一日，他积累了丰富的教育素材，这些素材成为他不断改进自己教学方法的依据。他的恒心让他从一名普通的教师成长为一位备受尊敬的教育名家。

在我的班主任工作中，我也深刻体会到了恒心的重要性。班级管理是一项长期而复杂的工作，需要不断地调整和完善。我曾经给自己定下了一个目标，要打造一个充满活力、积极向上的班集体。为了实现这个目标，我在日常管理中注重培养学生的自主管理能力。我建立了班级规章制度，让学生参与制度的制订和执行。但是，在实施的过程中，我遇到了很多问题，比如有些学生不遵守制度，有些制度在执行过程中出现了不合理的情况。

面对这些问题，我没有放弃。我不断地与学生沟通，了解他们的想法，对制度进行修订。我还定期组织班级会议，总结班级管理中的经验和不足。经过长时间的努力，班级的氛围逐渐变得和谐有序，学生们的自主管理能力也得到了很大的提高。这一切都离不开我的恒心，如果我在遇到问题时轻易放弃，就不可能实现最初的目标。

决心，则是一种对自我提升的坚定信念。在教育工作中，我们会面临各种各样的挑战，如学生的个体差异、家长的期望压力等。只有下定决心提升自己的能力，才能更好地应对这些挑战。提升能力不仅仅是指教学能力，还包括沟通能力、组织能力、心理辅导能力等多方面的能力。

我记得有一次，班级里有一个学生出现了严重的心理问题。他因为家庭变故变得沉默寡言，成绩也一落千丈。我意识到仅仅依靠自己的教学经验是无法帮助他走出困境的，于是我下定决心学习心理辅导知识。我阅读了大量的心理学书籍。通过学习，我掌握了一些基本的心理辅导技巧，能够与这个学生进行深入的沟通，帮助他排解内心的痛苦。最终，这个学生逐渐恢复了正常的学习和生活。

在追求卓越、提升能力的道路上，我们要时刻保持恒心和决心。我们要像登山者一样，一步一个脚印地向着山顶攀登。每一次的努力都是在向更高的目标靠近，每一次的挫折都是成长的磨砺。只有这样，我们才能在班主任的岗位上不断成长，成为一名优秀的教育者，为学生的成长贡献更多的力量。

## 二、查漏补缺，自我提升

### （一）内省查不足，反思求进步

"吾日三省吾身：为人谋而不忠乎？与朋友交而不信乎？传不习乎？"曾子的这句名言如同一面镜子，时刻提醒着我们要不断内省自身。在班主任的工作历程中，内省是一种不可或缺的品质，它是我们发现自身不足、寻求进步的重要途径。

内省，是一种深入灵魂的自我审视。当我站在讲台上，面对那一双双充满期待与好奇的眼睛时，我深知自己的责任重大。然而，在日常的教育教学过程中，我也难免会有做的不尽如人意之处。这时候，内省就像一束光照进黑暗的角落，让我能够清晰地看到自己的问题。

就像于漪老师，她在教育生涯中始终保持着高度的内省意识。于漪老师每上完一堂课都会进行深刻的反思。她会思考自己的教学方法是否得当，是否真正触及了学生的心灵深处，是否让每一个学生都有所收获。她曾经说过："我上了一辈子课，教了一辈子语文，但还是上了一辈子深感遗憾的课。"这种对自己近乎苛刻的内省，正是她不断进步、成为教育界楷模的重要原因。

在我的班主任工作中，也有许多通过内省而发现不足并努力改进的经历。记得有一次，我组织了一场班级辩论会。我原本以为这会是一场非常精彩、充满活力的活动，能够激发学生的思维和表达能力。然而，实际情况却不尽如人意。辩论会的场面一度有些失控，部分学生过于激动，偏离了辩论的主题，有些学生则因为害羞而不敢发言。

活动结束后，我陷入了深深的内省之中。我意识到自己在活动策划方面存在着严重的不足。我没有提前对学生进行足够的引导，没有明确辩论的规则和礼仪，也没有充分考虑不同性格学生的参与度。于是，我开始反思如何改进。我重新学习了关于组织辩论活动的相关知识，阅读了许多成功的辩论活动案例，并向其他有经验的班主任请教。

在之后的一次类似活动中，我提前制订了详细的规则，将学生分成小组进行预演，鼓励内向的学生先在小组内表达自己的观点，然后再在全班发言。

我还安排了主持人来把控全场的节奏。这次活动取得了非常好的效果,学生们积极参与,思维碰撞出了绚丽的火花。这场辩论活动的成功,正是因为我对内省的重视,通过内省查找到不足,进而反思求进步。

反思,是内省的延续,是一种将内省的结果转化为实际行动的力量。它不仅仅是对过去的回顾,还是对未来的展望。在班级管理中,我常常反思自己对待学生的态度。有时候,在忙碌和压力之下,我可能会对学生的一些小错误表现出不耐烦。每当意识到这一点,我都会反思自己的行为对学生可能产生的影响。

(二) 自查识短板,自纠谋发展

"知己知彼,百战不殆。"在班主任工作中,自查就是这一智慧观点的体现,我们需要清晰地认识自己的短板,然后通过自纠来谋求发展。这是一个不断探索、不断完善自我的过程,犹如雕琢一块璞玉,需要我们精心地去除瑕疵,展现出玉石最美好的一面。

自查,是一种勇敢面对自己的态度。作为班主任,我们需要全面地审视自己的能力。在教学方面,我们是否能够将知识以最生动、最易懂的方式传授给学生?在班级管理方面,我们是否能够营造一个和谐、积极向上的班级氛围?在与学生和家长的沟通方面,我们是否能够做到真诚、有效?这些都是我们需要自查的方面。

印度诗人泰戈尔说:"当我们大为谦卑的时候,便是我们最近于伟大的时候。"这种谦卑的态度正是自查所需要的。著名教育家斯霞老师在自己的教育生涯中,始终保持着自查的习惯。她深知自己在教育教学中可能存在的不足,尽管在小学语文教学方面已经取得了卓越的成就,但她仍然不断地审视自己。

她会自查自己的教学语言是否过于成人化,是否符合儿童的认知水平。她还会检查自己在处理学生之间的矛盾时是否做到了完全的公平公正。她的自查不是一种自我否定,而是一种积极的自我提升的方法。她通过自查发现自己在教学中对一些抽象概念的解释不够形象,于是她开始尝试用更多的实例和故事来讲解这些概念,让孩子们能够轻松理解这些概念。

在我的班主任工作中,我也积极地进行自查。我发现自己在处理学生的纪律问题时，有时候过于依赖传统的惩罚方式，而忽视了从根本上引导学生建立自律意识。例如，当有学生在课堂上讲话时，我最初的做法往往是让他们罚站或者写检讨。虽然这种方式在短期内可能会让学生停止不良行为，但并没有真正解决他们内心的问题。

通过自查，我意识到这是我的一个短板。我开始学习一些关于学生心理和行为引导的知识，尝试从正面激励的角度来处理纪律问题。我会在班级里设立"自律之星"的评选，对那些能够自觉遵守纪律的学生给予表扬和奖励。同时，我会与那些纪律较差的学生进行单独谈话，了解他们的想法，帮助他们制订自我约束的计划。这样一来，班级的纪律状况有了明显的改善，学生们也更加自觉地遵守纪律，而不是因为害怕惩罚而暂时收敛。

自纠，是发现短板后的积极行动，它需要我们有决心和毅力去改变自己。在发现自己在与家长沟通方面存在不足后，我便开始努力自纠。我发现自己在与家长沟通时会过于关注学生的学习成绩，而忽略了学生在家庭中的其他方面的表现。

我记得有一个学生，他在学校里表现得很乖巧，但成绩一直不太理想。我与他的家长沟通时总是强调成绩的重要性，这让家长感到很有压力，也让学生感受到家庭的压力。后来，我意识到自己的错误，开始改变沟通方式。我会先询问学生在家里的生活习惯、兴趣爱好等方面的情况，然后再和家长一起探讨如何在尊重孩子个性的基础上提高孩子的学习成绩。

我还参加了一些关于家校沟通的培训课程，学习如何更好地倾听家长的意见，如何用更积极的语言表达自己的观点。通过这些努力，我与家长之间的关系变得更加融洽，家长也更加积极地配合我的工作，共同为学生的成长创造更好的环境。自纠的过程虽然充满挑战，但它让我不断地成长，让我在班主任工作中的各个方面都得到了提升。

（三）自省悟得失，自励向未来

"往者不可谏，来者犹可追。"自省是对过去经历的一种深刻领悟，通过对得失的思考，我们能够汲取力量，自励前行，向着未来不断迈进。在班主任的工作画卷中，自省如同画笔的勾勒，让每一笔经历都变得富有意义，每一次得失都成为成长的基石。

自省，是一种对过去的深度剖析。每一次与学生的互动、每一次班级活动的组织、每一回与家长的交流，都是班主任工作的宝贵经历。在这些经历中，有得有失，而自省就是要从这些看似平常的事件中挖掘出深层次的意义。

就像夸美纽斯，他是伟大的教育家。他在教育实践中不断自省，他的教育思想的形成很大程度上得益于他对自己教育工作得失的深刻思考。他在早期的教育尝试中发现传统的个别教学方式效率低下，学生的学习进度参差不齐。通过自省，他意识到需要一种更加系统、高效的教学方法。于是，他提出了班级授课制的构想，这一构想对现代教育产生了深远的影响。

在我的班主任工作中，也有许多通过自省悟得失的时刻。曾经，我组织了一次班级郊游活动。我希望通过这次活动，增强班级的凝聚力，让学生们在大自然中放松身心，增进彼此之间的友谊。活动前，我精心策划，安排了各种有趣的游戏和探索环节。然而，在活动过程中还是出现了一些问题。

有些学生因为过于兴奋而忽略了安全问题，发生了一些小意外，虽然没有造成严重的后果，但让我惊出一身冷汗。另外，在活动的组织过程中，我发现自己没有充分考虑学生的体力差异，导致有些体力较差的学生在活动后期有些跟不上节奏。

活动结束后，我进行了深刻的自省。我意识到自己在活动策划时虽然注重了趣味性，但对安全和个体差异的考虑不够周全。这是我的失。但同时，我看到了学生们在活动中展现出的团队精神和对大自然的热爱，这是我的得。

基于这次自省，在后来的班级活动中，我在策划阶段就会更加全面地考虑各种因素。我会制订详细的安全预案，提前了解每个学生的身体状况，根据学生的体力和兴趣分组安排活动内容。这样一来，后续的活动都进行得非常顺利，学生们也能更好地享受活动的乐趣，班级的凝聚力也得到了进一步的增强。

自励，是在自省基础上的自我激励。它是一种积极向上的力量，推动我们超越过去的自己，向着未来的目标奋勇前行。在面对工作中的困难和挫折时，自励尤为重要。

我曾经遇到过一个非常调皮的学生，他经常违反课堂纪律，与同学发生矛盾，成绩也较差。我尝试用很多方法教育他，但效果都不明显。那段时间我感到非常沮丧，甚至开始怀疑自己的教育能力。

然而，在一次自省之后，我意识到不能就这样放弃。我想起了海伦·凯勒的老师安妮·莎莉文，她面对海伦·凯勒，没有被困难吓倒，而是通过自己的耐心和智慧，开启了海伦·凯勒的心灵之窗。我告诉自己，我也可以像安妮·莎莉文一样，用爱和耐心去改变这个学生。

于是，我重新调整了自己的教育策略。我更加深入地了解他的家庭背景和兴趣爱好，发现他对绘画非常感兴趣。我就从这个点入手，鼓励他用绘画表达自己的情感。同时，我在课堂上给他安排一些小任务，让他感受到自己的价值。慢慢地，他开始改变自己的行为，变得更加遵守纪律，与同学的关系也逐渐改善，成绩也有了提高。

通过这件事，我更加深刻地体会到自励的力量。无论在班主任工作中遇到多大的困难，只要我们能够自省悟得失，自励向未来，就没有克服不了的难关。我们要把每一次的经历都当作成长的机会，用积极的心态去面对未来的挑战，不断提升自己，为学生的成长和发展贡献更多的力量。

### 三、持续学习，不断进步

（一）阅读启智慧，学习拓视野

在班主任工作的漫漫征途中，阅读犹如一盏明灯，照亮我前行的道路，开启了我内心深处的智慧之门。"书籍是人类进步的阶梯。"这一至理名言在我的教育生涯中不断得到印证。

回首往昔，那些沉浸于书海的时光总是让我回味无穷。每一本教育类书籍都像是一位智者在我耳边低语，传授我宝贵的经验。我记得初入班主任工作岗位时，内心充满了迷茫与不安，就像在黑暗中摸索的行者。偶然间读到雅斯贝尔斯的《什么是教育》，书中那句"教育的本质意味着：一棵树摇动另一棵树，一朵云推动另一朵云，一个灵魂唤醒另一个灵魂"深深地震撼了我。它让我明白，班主任的工作不仅是传授知识，还是一种对灵魂的触动与唤醒。

我开始如饥似渴地阅读各种教育书籍，从夸美纽斯的《大教学论》到杜威的《民主主义与教育》。夸美纽斯在《大教学论》中提出的班级授课制等教育理念，让我对班级管理有了系统的认识。我仿佛看到这位伟大的教育家在那个时代为教育的革新而努力奋斗，他的思想穿越时空，为我在组织班级教学、安排课程等方面提供了坚实的理论基础。杜威的"儿童中心论"促使我重新审视自己与学生的关系。我不再是课堂上高高在上的主导者，而是学生学习与成长道路上的引导者、陪伴者。

除了教育类书籍，文学作品也成为我汲取智慧的源泉。读《简·爱》，我看到了一个自尊自爱的女性如何在困境中坚守自己的信念，这让我思考如何在班级中培养学生的自尊心与独立人格。当我读到简·爱对罗切斯特先生说出"你以为我贫穷、相貌平平就没有感情吗？我向你发誓，如果上帝赋予我财富和美貌，我会让你无法离开我，就像我现在无法离开你一样。虽然上帝没有这么做，可我们在精神上依然是平等的"时，我深知，每一个学生，无论他们的家庭背景、外貌如何，都有着平等的灵魂，都需要被尊重与呵护。

《窗边的小豆豆》也给了我深刻的启示。这本书讲述了小豆豆在巴学园里的成长故事。巴学园独特的教育方式，如电车教室、自由的课程安排等，让我看到了教育的另一种可能。小豆豆是一个在传统学校被视为"问题儿童"的孩子，她充满好奇、精力旺盛，但行为有些出格。在巴学园里，小林校长用他的耐心、爱心和独特的教育理念接纳了小豆豆。他认真倾听小豆豆讲四个小时的话，这一情节让我深深感动。它告诉我，作为班主任，要用心去倾听每一个孩子的心声，尊重他们的个性差异。每个孩子都像一颗独特的星星，有着自己的闪光点，我们不能用单一的标准去衡量他们。在我的班级里，有一个特别好动的孩子，以前我总是试图纠正他，读完这本书后，我开始尝试发现他的优点，鼓励他在课堂上积极发言，分享他独特的想法，他逐渐变得自信起来，成绩也有所提高。

《正面管教》也是一本对我影响深远的书籍。书中强调了不惩罚、不娇纵地有效管教孩子的理念。它提出了许多实用的方法，如和善而坚定地对待孩子。书中的很多案例让我反思自己的教育方式。以前，面对学生的错误，我要么过于严厉，要么过于宽松。而这本书教会我，在班级管理中，要建立相互尊重的师生关系，让学生明白规则的同时要给予他们自主权。例如，在处理班级纪律问题时，我不再只是简单地批评违反纪律的学生，而是和他们一起制订规则，当他们违反规则时，让他们自己选择承担相应的后果。这一方法让学生更加自觉地遵守纪律，也增强了他们的责任感。我仿佛看到书中的理念在我的班级里生根发芽，让班级氛围变得更加积极健康。

阅读，就像是一场心灵的旅行。在这个过程中，我不断拓宽自己的视野，看到教育的多元性与复杂性。我不再局限于眼前的教室和学生的成绩，而是着眼于他们的整个人生发展。每一本书都是一扇通往不同世界的大门，让我领略到不同的教育理念、文化背景下的教育模式，它使我能够站在巨人的肩膀上，用更广阔的视角去看待班主任工作中的点点滴滴，用更丰富的知识滋养学生渴望成长的心田。

（二）培训增技能，交流长见识

班主任的成长之路离不开专业的培训、与同行间的交流。每一次培训都是一次知识与技能的充电，每一次交流都是思想火花的碰撞。

我参加过许多教育部门组织的班主任培训活动，这些培训就像是一场场及时雨，滋润着我在教育工作中的干涸之处。在一次关于班级文化建设的培训中，我有幸聆听了一位资深班主任的经验分享。他以自己的班级为例，详细阐述了如何从物质文化、制度文化、精神文化三个层面构建班级文化。他谈到，班级的物质文化不仅是简单的教室布置，还是一种教育资源的整合。他在教室的角落设置了一个"阅读小天地"，里面摆满了各种各样适合学生阅读的书籍，并且定期组织学生进行读书分享会。这一举措不仅营造了浓厚的学习氛围，还培养了学生的阅读习惯和表达能力。

在制度文化方面，他强调民主与平等的重要性。他让学生参与班级规章制度的制订，让每一个学生都成为班级的主人。他引用了马卡连柯的名言："平行教育原则——集体教育与个别教育相结合。"他说，当学生参与制度的制订时，他们会更加自觉地遵守制度，也能在这个过程中学会尊重他人的意见，培养团队合作精神。班级的精神文化是班级的灵魂所在，他通过组织各种班级活动，如主题班会、户外拓展等，培养学生积极向上、团结友爱的精神风貌。

除了培训，与同行之间的交流也让我收获颇丰。我加入一个班主任交流群，里面有来自不同地区、不同学校的班主任。我们经常在群里分享自己在工作中遇到的问题和解决方法。有一次，一位班主任分享了她处理学生之间矛盾的经验。她采用了角色扮演的方法，让产生矛盾的学生分别扮演对方，从对方的角度去看待问题。这一方法让学生深刻地理解了彼此的感受，从而化解了矛盾。这个方法让我眼前一亮，我在自己的班级中也尝试了类似的方法，取得了很好的效果。

我还参加了一些支援农村教育的活动。

### 走进农村，走近农村教育
#### ——支援农村教育总结

2006年8月—2007年7月，我参加了吉林省教育厅组织的"2006年人才支援农村教育"活动，到长春市第二十七中学任教。经过一年的工作和学习，我对农村教育教学现状有了一定的了解，也有了很大的收获，现将其总结如下。

**一、我的工作和收获**

在去二十七中之前，我就通过熟悉二十七中的同事了解了二十七中的情况，以便自己在最短的时间内融入二十七中教师团队，为争取早日成为他们中的一员做着准备。因为只有融入他们，才能与他们一起进行教学思想的碰撞和教学研讨的互动。我还肩负着为那里的学生带去城市先进的课堂教学模式，为那里的教师带去先进的教学理念，更为那里的教育带去新鲜的血液和全新的气息的任务和使命。

2006年8月28日，我来到位于一间堡村的长春市第二十七中学。在二十七中的一年中，第一学期我负责初一的历史教学工作，第二学期在继续负责初一历史教学工作的同时，担任一年三班的班主任。在教学中，我认真做到以下三点：

1. 认真备课，激发兴趣

部分学生知识面狭窄，信息较闭塞。教学中，我在讲授课本知识的基础上，从学生的实际出发，利用学生经历过的生活事件切入历史，尽量使历史知识形象化、生动化，能与学生的生活联系起来，结合学生比较熟悉的生活小事阐发比较深刻的历史规律，拉近历史与现实的距离，使学生"乐学""好学"，多方面激发他们的兴趣。

2. 鼓励赞许，师生互动

学生怯于上课回答问题，许多人上课总是静静地坐在那里，处于一种课堂孤独者的状态。为了变学生被动地学为积极主动地学，提高学生的主动参与意识，我在第一节课没有讲课，而是与学生互相介绍，鼓励学生讲述自己熟悉的历史事件。学生基本都能参与进来，课堂气氛活跃。在日常教学的提问中，我较好地把握了提问的时机、类型、方式和问题的难度，尽量面向全体学生，让学困学生有话说，优秀学生有深度，对学生的回答，及时做出反馈，并以激励性的语言鼓励学生完整而正确地回答问题。经过一段时间的教学，学生们逐渐变得积极主动了。

3. 自主学习，合作探究

在课堂教学中，我采用多种教学方式教学。如安排学生排练历史短剧等活动，激发学生参与活动的兴趣，引导学生自主、合作、探究性地学习。在教学中培养学生倾听他人意见，与他人平等交流、愉快合作的能力。

第二学期，我担任一年三班的班主任。一年三班有50名学生，学生平时较为散漫，课上时有无组织、无纪律的现象发生，没有形成良好的学习风气，学习习惯较差，有时甚至出现课堂混乱现象。部分学生厌学，甚至一部分学生已经开始放弃学习。班级的学习成绩处于年级的末位。针对这种情况我决定先从与学生及家长的沟通入手，逐渐改变学生与教师的对立局面。我先从一些个性较强的学生入手，定期与他们谈心交流，了解他们的思想动态，及时解决他们遇到的问题。一段时间后，课堂纪律明显好转，学生学习状态也有了很大改观。在此基础上，我又加强了学生行为规范的管理。以"学会做人、学会学习"为目标，逐步培养班级良好的班风和学风，得到领导和同人的一致好评。另外，我还积极培养班级干部，及时召开班干部会议，针对他们在工作中出现的问题，教给他们工作方法，使他们明确自己的职责。同时,要求他们注意班干部成员之间的合作,尽量在学生面前树立他们的威信,创造机会,锻炼和培养他们的能力。一学期下来,我和学生结下了深厚的师生情谊。在我即将完成"支教"工作离开他们时,他们说:"老师你真的就教我们一年吗?""你还来不来了?""老师,我们会想你的。"……

为了促进二十七中的教育教学和自身的成长,我通过示范课、听评课、教学研讨等活动,同二十七中教师互动,开展合作与交流,将我们的教学方法、教学心得、教育困惑集中交流,优势互补。我通过各种活动,充分展示我的教学理念、教学基本功和灵活多样的教学方法,在一定程度上使参与活动的教师对课程改革有了新的认识。在活动中,我得到二十七中领导、教师的大力支持和帮助,从他们身上感受到了朴实、热情、乐观的精神,感受到了他们对学生、对教育事业的执着和无私奉献的高尚品质。

## 二、农村教育中存在的问题

### 1. 教育环境问题

初到二十七中,面对的是两栋低矮的平房,一栋是教室,一栋用作教师办公。教室和办公室阴冷潮湿,刚进入九月份,在办公室备课就要在膝盖上加盖一件厚衣服。只要阴天,教室和办公室就要一直亮着灯。简单参观一下学校,发现这里的教学和办公环境、教学仪器、实验设备、图书资料和城市学校相比相差较大。

### 2. 师资问题

由于条件较艰苦,待遇较低等原因,二十七中骨干教师大量外流。由于教师的流失,一些教师在教授本专业课程外,还担负起其他学科的教学任务。如:化学教师教数学,美术教师教微机,外语教师教地理、生物,政治教师教外语,体育教师教音乐等,严重影响了正常的教学工作,对学生的发展也极为不利。骨干教师的流失是农村教育资源的最大损失。我国农村教师队伍的不稳定状况已严重制约着农村教育的进一步发展,稳定农村教师队伍已成为当前农村教育发展的紧要课题。

3. 家庭教育及辍学问题

由于多数学生家长从事农业生产或外出打工，加之文化水平有限，农村学生的家庭教育极度缺失。另外由于每年有大量大学生找不到工作，也促使更多的农民不愿意将微薄的收入投入学生学习这种只见投入不见产出的"投资"。因此农村辍学率有增无减。

4. 未升学学生的出路问题

绝大多数的农村学生不能升入上一级学校，他们中的大多数苦读九年后只能回乡务农。又因为所学知识在农村基本没有什么用处，缺乏生活技能，进城打工无门，农业技术不会，面临"升学无望、就业无门、致富无术"的尴尬处境。因此农村中小学在实现国家规定的基础教育基本要求的同时，应该紧密联系农村实际，侧重职业教育、成人教育等，切实培养能真正服务于农村的各类人才，促进农业的发展。虽然二十七中拥有一个农村社会实践劳动基地，但对本地学生的职业技能教育作用并不明显。

三、艰难前行中的希望

在各级政府及区教育局的支持和关怀下，二十七中教育环境已经有了巨大的改观。在完成任务返回前，一座漂亮的教学大楼已经投入使用，各种教学设备基本配备齐全，已经接近城市学校教育环境。

2007年国家全部免除农村义务教育阶段学生学杂费政策的落实，给农村低收入家庭带去了希望，也让我们对农村教育及农村发展充满了期盼。

面对仍然存在的交通不便等困难，更多的教师能够扎根农村，甘于清贫和寂寞，让我们看到了农村教育的希望。

通过培训和交流等，我不断学习到新的教育技能，增长了见识。我看到了不同班主任在面对相同问题时的不同处理方式，这让我明白，教育没有固定的模式，需要根据学生的特点、学校的环境等因素灵活运用教育方法。每一次培训和交流都是一次成长的机会，让我在班主任工作的道路上越走越稳，越走越自信。

## （三）研讨寻突破，借鉴求创新

在班主任工作的漫漫征途中，清心自育犹如一盏明灯，照亮我前行的道路，这是一场关于自身成长的无尽求索。

教育，是一场心灵的对话，班主任是这场对话的主导者。在数字化浪潮汹涌澎湃的时代，教育数字化转型为班主任工作带来了前所未有的机遇与挑战。就如同德国教育家第斯多惠所说："教学的艺术不在于传授本领，而在于激励、唤醒、鼓舞。"在教育数字化的大舞台上，我们要学会利用新的工具、新的理念去激励、唤醒和鼓舞每一个学生。

我常常沉浸于学校组织的各类教育研讨活动中，那是一片充满智慧火花的天地。每一次研讨都像是一场灵魂的洗礼。在一次聚焦如何在数字化环境下提升学生批判性思维能力的研讨会上，同人们的见解如繁星闪烁。有的老师提到利用在线互动平台，引导学生对热点事件进行多角度分析。这让我不禁想起苏格拉底的"产婆术"，他通过不断追问，引导学生自己思考，从而得出结论。在数字化的今天，我们借助网络的便捷，不也能像苏格拉底那样，在虚拟的空间里激发学生的思维活力吗？

我还清晰地记得，有一次探讨如何借助数字化资源丰富学生的课外阅读体验，一位老师分享了他利用电子书籍平台，为学生定制个性化阅读书单的经验。这使我联想到苏霍姆林斯基对阅读的重视，他说："无限相信书籍的力量，是我的教育信仰的真谛之一。"在数字化转型的背景下，我们可以将书籍的力量通过电子设备更精准地传递给每一个孩子。这些研讨活动中的点滴智慧如同涓涓细流，汇聚成我在班主任工作中创新的源泉。

借鉴他人的经验，是我在班主任工作中不断创新的重要途径。在数字化赋能教育的进程中，我从身边的教育同人那里汲取了许多宝贵的经验。有一位优秀的班主任分享了她利用数字化教学工具开展主题班会的经历。她通过多媒体展示、在线投票、实时互动等方式，让班会课变得生动有趣、充满活力。我借鉴了她的思路，结合自己班级学生的特点进行了创新。

我在自己的班级里开展了一次以"梦想与担当"为主题的班会。我利用在线视频资源，播放了一些关于伟大人物追逐梦想、勇于担当的故事片段，如袁隆平院士为解决全球粮食问题而不懈奋斗的历程。视频画面深深触动了学生们的心灵。然后，我借助在线投票工具，让学生们选出他们心中最具担当精神的人物，并阐述理由。在这个过程中，学生们积极参与，思维活跃。最后，我引导学生们在班级的数字化论坛上发表自己的梦想宣言。这一班会课的创新尝试让我深刻体会到了数字化赋能教育的魅力。

然而，在借鉴的过程中，我也深知要结合班级的实际情况进行调整。就像陶行知先生的观点："生活即教育""社会即学校""教学做合一"。每个班级都是一个独特的小社会，每个学生都是独一无二的个体。我所带班级中有一位性格内向的学生，在上述班会课的互动环节中表现得不太积极。我注意到这个情况后，在课后利用数字化通信工具与他单独交流，分享了一些关于内向者也能实现伟大梦想的故事，如数学家陈景润在自己的小天地里默默钻研，最终取得巨大成就的故事。我通过这种方式，鼓励他勇敢地表达自己的梦想。慢慢地，他在班级的数字化交流中也变得更加积极主动。

在教育数字化转型的浪潮中，我还不断探索如何利用数字化工具提升自己的教育素养。网络上丰富的教育资源如同浩瀚的海洋，我如一位求知若渴的航海者，在其中寻觅宝藏。我关注了许多教育名家的在线讲座和课程，如魏书生老师的班级管理经验分享。魏书生老师以其独特的民主管理理念闻名，他倡导让学生成为班级的主人。我从他的讲座中汲取智慧，尝试在班级管理中运用数字化手段让学生更多地参与决策。

例如，我利用在线问卷工具，收集学生对班级规章制度的意见和建议。学生们积极反馈，提出了许多富有创意的想法。有的学生建议建立数字化的班级荣誉榜，通过积分系统激励同学们积极参与班级活动。我采纳了这个建议，并利用在线表格工具进行积分管理。这一举措不仅增强了学生的班级归属感，还让班级管理更加科学、高效。

同时，我意识到数字化转型也有一些挑战。在这个信息爆炸的时代，如何引导学生正确筛选和利用数字化信息成了摆在我面前的重要课题。我想起了尼尔·波兹曼在《娱乐至死》中的警示："一切公众话语日渐以娱乐的方式出现，并成为一种文化精神。我们的政治、宗教、新闻、体育、教育和商业都心甘情愿地成为娱乐的附庸，毫无怨言，甚至无声无息，其结果是我们成了一个娱乐至死的物种。"为了避免学生在数字化的洪流中迷失方向,我积极开展信息素养教育。

我利用数字化教学资源,制作了一系列关于信息筛选、信息评估的课程。我通过案例分析,如一些网络谣言的传播及其危害,让学生们明白在数字化世界中保持理性思考的重要性。我还组织学生开展小组讨论,针对一些热门的数字化话题进行分析,如网络游戏对青少年的影响。在讨论过程中,学生们各抒己见,逐渐学会从不同角度看待数字化现象,提高了自身的信息素养。

在清心自育的道路上,我也在不断反思自己的教育行为。正如孔子所言:"吾日三省吾身:为人谋而不忠乎?与朋友交而不信乎?传不习乎?"我时常反思自己在班主任工作中是否真正做到了因材施教,是否充分发挥了数字化工具的优势,是否真正关注了每一个学生的成长需求。每一次反思都是一次成长的契机,它让我在班主任工作中不断调整自己的方向,朝着更有利于学生成长的道路前行。

教育数字化转型是一场伟大的变革,它为班主任工作注入了新的活力。在这个过程中,我通过研讨寻突破,借鉴求创新,不断进行清心自育,在自身成长的道路上坚定地求索着。我深知,自己只有不断成长,才能更好地陪伴学生成长,才能在班主任这个平凡而又伟大的岗位上,书写出更多爱与幸福的篇章。

在这个充满希望与挑战的时代,我将继续怀揣着对教育的热爱,在清心自育的道路上砥砺前行。我相信,只要我不断探索、不断创新,就一定能够在班主任工作中绽放出更加绚烂的光彩,为学生们创造一个更加美好的教育未来。因为教育的本质就是一棵树摇动另一棵树,一朵云推动另一朵云,一个灵魂唤醒另一个灵魂,而我,愿意在这个数字化的时代里,做那棵坚定的树、那朵灵动的云、那个充满爱的灵魂。

# 第八章 悦心盈福——教育硕果之品味

班主任在自我成长的道路上不断反思、学习、进步，就像一棵不断成长的大树，为学生遮风挡雨。当班主任不断成长强大时，教育的成果也会逐渐显现。就像耕耘许久的田地，终于迎来丰收的季节。班主任悦心盈福，品味教育的硕果，回顾一路走来的历程，满心都是幸福与感恩。

## 一、回顾历程，成果初现

### （一）欣看桃李盛，喜见幼苗壮

"春种一粒粟，秋收万颗子。"站在教育这片广袤的田野上，回首往昔，那一个个曾经稚嫩的身影如今已茁壮成长，我心中满是欣慰与自豪。

初为班主任时，面对一群懵懂的孩子，就像面对一片未经开垦的土地，充满了未知与期待。还记得那个内向的小A，刚入学时总是怯生生地躲在角落里，不敢与同学交流，课堂上也从不主动发言。我看在眼里，急在心里。我深知每一个孩子都是一颗蕴含无限潜力的种子，只是需要合适的土壤和阳光才能发芽。于是，我开始有意地关注他，课间主动找他聊天，从他感兴趣的小昆虫聊起。"教育的本质意味着：一棵树摇动另一棵树，一朵云推动另一朵云，一个灵魂唤醒另一个灵魂。"在我的耐心陪伴下，小A逐渐敞开了心扉。

有一次，班级组织小组活动，我特意安排他担任小组的记录员，鼓励他表达自己的想法。起初，他涨红了脸，声音小得几乎听不见。但我用信任的眼神看着他，同学们也给予他鼓励的掌声。慢慢地，他开始变得自信起来。

如今，小 A 已经是班级里的活跃分子，还在学校的演讲比赛中获得了奖项。看到他的转变，我仿佛看到了一棵幼苗在精心呵护下茁壮成长为一棵挺拔的小树。

还有小 B，曾经是个调皮捣蛋的孩子，经常在课堂上搞小动作，作业也总是敷衍了事。我深知他并非无可救药，而是缺乏正确的引导。"孩子需要激励，就像植物需要水。"我开始寻找他身上的闪光点，发现他在体育方面很有天赋。于是，我鼓励他参加学校的运动会，并在课余时间陪他训练。在运动会上，他为班级赢得了荣誉。从那以后，他的学习态度也发生了很大的转变，开始认真对待学业。

看着这些孩子的成长，就像看着满园的桃李的花朵逐渐绽放。他们每一个进步的瞬间，每一次成长的蜕变，都如同花朵盛开时那最动人的姿态。他们在知识的滋养下，在品德的熏陶中，从脆弱的幼苗成长为有担当、有自信、充满活力的少年。这不仅是他们自己努力的结果，还是我班主任工作的累累硕果。这些成果如同繁星点点，照亮了我的教育之路，让我更加坚定地在这片育人的土地上继续耕耘，期待着更多的幼苗茁壮成长，结出更加丰硕的果实。

（二）乐闻书声琅，悦赏学风浓

"风声雨声读书声，声声入耳。"在班级的这片小天地里，那琅琅的书声是最美妙的旋律，浓郁的学风是最迷人的风景。

还记得刚接手这个班级的时候，教室里的读书声很少，学习氛围也比较沉闷。我深知，积极向上的学风对学生的成长至关重要。为了营造浓厚的学习氛围，我从早读抓起。每天早上，我都会早早地来到教室，和同学们一起诵读经典。我的声音融入他们的声音，如同涓涓细流汇聚成江河。开始的时候，有些同学还不太习惯，声音微弱且缺乏热情。但我没有放弃，我用自己的热情去感染他们，用充满激情的话语去鼓励他们。"读书破万卷，下笔如有神。"我告诉他们，早读是开启知识宝库的钥匙。

随着时间的推移，同学们逐渐被这种氛围感染。早读时，教室里的读书声变得洪亮而整齐，那声音仿佛能穿透墙壁，在校园里回荡。不仅早读如此，课堂上的氛围也发生了很大的变化。同学们开始积极思考，主动提问，与老师形成了良好的互动。

我还注重在班级里树立学习榜样。小C同学学习刻苦，成绩优异，而且乐于助人。我在班级里大力表扬他的学习态度和品德。"榜样的力量是无穷的。"在他的带动下，同学们之间形成了一种良性的竞争氛围。大家都以他为目标，努力追赶。为了让同学们有更多的学习资源，我组织建立了班级图书角，同学们纷纷把自己的好书贡献出来。课余时间，图书角总是围满了借书、看书的同学。

在这样的氛围下，同学们的学习成绩有了明显的提高。但我更看重的是他们对学习的热爱和对知识的渴望。那一双双在课堂上闪烁着求知欲的眼睛，那一个个课间还在热烈讨论学习问题的身影，都让我感受到浓郁学风的魅力。这种学风如同春风化雨，滋润着每一个学生的心田，让他们在知识的海洋里畅游，不断汲取成长的力量。它也成为我班主任工作的一道亮丽的风景线，让我在教育的道路上收获了满满的幸福。

（三）欢察成长路，喜叹进步途

"路曼曼其修远兮，吾将上下而求索。"在陪伴学生们成长的道路上，每一个进步的足迹都如同璀璨的星光，照亮了他们的未来，也温暖了我的心房。

小D是一个在学习上曾经极度缺乏自信的孩子。他的基础比较薄弱，每次考试成绩都不尽如人意。这导致他对学习产生了恐惧心理，甚至一度想要放弃。我深知，对于他来说，每一次小小的进步都可能成为改变他态度的关键。"不积跬步，无以至千里；不积小流，无以成江海。"我开始为他制订专门的学习计划，从最基础的知识入手，将复杂的问题分解成一个个小的知识点。每天放学后，我都会抽出时间为他辅导功课。在这个过程中，我不断地鼓励他，告诉他只要坚持就一定会有收获。起初，他的进步非常缓慢，但是我看到了他的努力。哪怕他只是做对了一道简单的数学题，我都会给予他大大的表扬。"哪怕进步微小，只要是在向前，就是值得称赞的。"慢慢地，他的自信心开始建立起来，他不再害怕学习，而是主动地去探索知识。在最近的一次考试中，他的成绩有了显著的提高。看到他脸上洋溢着的自信的笑容，我心中满是喜悦。

小 E 在人际交往方面存在问题。他性格比较强势，经常与同学发生矛盾。我意识到，他需要学会尊重他人、理解他人的感受。我通过组织一些团队活动，如班级拔河比赛、小组合作项目等，让他在活动中学会与他人合作。"单丝不成线，独木不成林。"在拔河比赛中，我让他担任队长，引导他如何协调团队成员的力量。开始的时候，他还是有些独断专行，但在经历了几次失败后，他开始听取同学们的意见。通过这些活动，他逐渐懂得了团队合作的重要性，与同学们的关系也变得融洽起来。

这些孩子在成长道路上的进步，是他们不断努力的结果，也是我用心引导的见证。每一次看到他们克服困难，每一次见证他们超越自己，我都由衷地感到高兴。他们的进步就像一个个音符，谱写着成长的乐章；又像一朵朵浪花，汇聚成成长的海洋。在这条充满希望的成长之路上，我将继续陪伴他们，见证他们更多的进步，收获更多的感动与幸福。

## 二、细数收获，满心欢喜

### （一）成绩彰努力，成果显付出

"一分耕耘，一分收获。"在班主任工作的这片园地里，学生们的成绩如同盛开的花朵，是对我的付出的最美回报。

每一次考试成绩公布的时候，那一份份答卷就像是学生们交给我的阶段性答卷，也是我工作成果的直观体现。看着那些不断提高的分数，我仿佛看到了他们无数个日夜的努力。学生小 F 刚入学时成绩在班级里处于下游水平。他的基础知识薄弱，学习方法也存在很大的问题。但是我从他的眼神中看到了对知识的渴望，那是一种不甘落后的倔强。"只要有决心，就没有做不成的事。"我对他充满了信心。

我开始帮助他分析学习上的问题，从最基本的学科知识框架构建开始。每天督促他完成基础练习。在这个过程中，他也非常努力，遇到不懂的问题总是及时向老师请教。就像苏霍姆林斯基所说："在人的心灵深处，都有一种根深蒂固的需要，这就是希望自己是一个发现者、研究者、探索者。"小 F 在学习的过程中逐渐发现了探索知识的乐趣。

经过一个学期的努力,他的成绩有了明显的提升。从最初的不及格到能够达到班级的中游水平,这个进步不仅是分数的提高,还是他的努力和我的付出的结晶。他的成绩提升也调动了班级里其他同学的学习积极性。"榜样是看得见的哲理。"同学们看到小F的进步,意识到只要努力就能够改变自己的学习状况。

在班级整体成绩方面,我们也有了显著的提高。从刚接手班级时学生各科成绩在年级的排名靠后,到逐渐上升,这背后是我对教学方法的不断探索和对学生学习习惯的精心培养。我鼓励学生们组建学习小组,互相监督,互相学习。"独学而无友,则孤陋而寡闻。"学习小组让学生们在交流中拓宽了知识面,提高了学习效率。

同时,我注重与各科任课教师的沟通协作。就像马卡连柯所说:"哪里教师没有结合成一个统一的整体,哪里也就不可能有统一的教育过程。"我们共同商讨教学计划,针对学生的薄弱环节进行强化训练。这种团队协作的力量是学生们成绩提升的动力。

每一次看到学生们在学业上取得进步,我都感到无比的欣慰。这些成绩如同夜空中闪烁的星星,照亮了我们前行的道路。它们是我付出心血的证明,也是学生们努力奋斗的勋章。它们让我坚信,只要用心去浇灌,每一颗种子都能长成参天大树,每一个学生都能在知识的海洋里畅游,收获属于自己的成功。

近几年,国家越来越重视学生的体育运动。长春市依据教育部的要求,将体育学科纳入中考学科。对于很多学生而言,耐久跑难度最大。班级的小陈和小郑,中学三年始终是班级成绩的领军人物,但是体育成绩不理想,尤其是耐久跑项目。初三上学期课间操,由于天气寒冷,他们经常溜边偷懒。有一次间操结束后,我找到他们,严厉地批评了他们。我和他们约定,以后我会每天监督他们的训练。慢慢地,他们逐渐适应了节奏,耐力逐渐提升。初三下学期,学校专门在下午安排另一个专属初三的大课间。我每天准时来到操场,督促包括小陈和小郑在内的班级同学跑步,了解他们每天的进步。有一天小陈兴奋地告诉我,他在操场上跑了10圈,状态非常好。10圈,那可是 2500 米。我表扬了他的巨大进步。

在百天誓师大会上，我代表全体教师发言。开篇我说道："我最近喜欢做一件事，就是大课间站在跑道旁，一边督促自己班的同学跑步，一边看更多的同学汇入奔跑的洪流中挥汗如雨。这才是青春该有的样子，这才是昂扬向上的人生。"转眼，体育中考来临，孩子们摩拳擦掌，积极备战。经过长时间的努力，很多同学都取得了优异的成绩。小陈和小郑的耐久跑均获得满分。考试结束后，小陈发了一条微信朋友圈：体育中考结束了，1000米满分，也是唯一一次满分。

（二）荣誉证汗水，收获映辛劳

"荣誉就像河流：轻浮和空虚的荣誉浮在河面上，沉重的和厚实的荣誉沉在河底里。"在班主任的工作历程中，那些沉甸甸的荣誉是对我辛劳付出的认可，它们如同深埋在河底的珍宝，见证着我的教育之路。

学校的优秀班主任评选是对我工作的一种高度肯定。这个荣誉的背后，是无数个从清晨到满天星斗的陪伴。记得有一次，学校要迎接一个重要的检查，班级的各项事务都需要做到尽善尽美。我和同学们一起精心布置教室，从黑板报的设计到教室卫生的打扫，每一个细节都不放过。"教育者的关注和爱护在学生的心灵上会留下不可磨灭的印象。"我用自己的行动向学生们传递着对班级的热爱和对荣誉的尊重。

在这个过程中，我看到了学生们的成长。他们不再是被动地接受任务，而是主动地参与班级建设。有的学生发挥自己的绘画特长，为黑板报增添了绚丽的色彩；有的学生细心地整理图书角，让教室充满了文化气息。最终，我们的班级在检查中获得了高度评价，这不仅是班级的荣誉，还是我和学生们共同的荣誉。

班级在各项比赛中取得的荣誉也是我辛劳付出的见证。例如，学校的运动会,这是一个展现班级凝聚力和学生拼搏精神的舞台。为了能让学生们在运动会上取得好成绩,我提前组织学生们进行训练。我带领集体项目的同学找运动项目的技巧,为他们加油鼓劲;邀请体育老师指导跳远、跳高的运动员掌握正确的方法。"真正的教育者不仅传授真理,而且向自己的学生传授对待真理的态度。"在训练过程中,我不仅教会他们运动技能,还让他们懂得了坚持和努力的意义。

在运动会当天,同学们奋勇拼搏,取得了优异的成绩。当他们站在领奖台上,脸上洋溢着自豪的笑容时,我感受到了那份荣誉的重量。它不仅仅是一面锦旗,还是我们班级团结一心、勇往直前的象征。

班级在科技知识竞赛、艺术表演等活动中也获得了荣誉。每一次活动的背后,都有我精心的策划和组织,有我对学生们的鼓励和支持。这些荣誉如同璀璨的明珠,镶嵌在我班主任工作的皇冠上。它们让我明白,所有的汗水都不会白流,所有的辛劳都将化作最珍贵的收获。

(三)佳绩展智慧,硕果证爱心

"智慧与爱心是教育的两大基石。"在班主任工作中,学生们取得的佳绩是我教育智慧的体现,也是我爱心的有力证明。

在班级管理方面,我通过建立一套民主、公平的班级管理制度,让学生们能够积极参与班级事务。就像陶行知先生所说:"最好的教育是教学生自己做自己的先生。"我给予学生们足够的自主权,让他们自己制订班级规则,自己选举班干部。这种方式激发了学生们的责任感和创造力。

曾经,班级里出现了一些纪律问题,我没有直接采取严厉的惩罚措施,而是组织学生们进行讨论。"众人拾柴火焰高。"在讨论中,学生们提出了很多有建设性的意见,如设立班级纪律监督小组,由同学们轮流担任监督员。通过这种方式,班级纪律得到了明显的改善。这一成果不仅体现了学生们的智慧,还展示了我的管理智慧——相信学生,引导学生自我管理。

在学生的品德教育上,我注重言传身教。我用自己的爱心去感染每一个学生。有一个学生小G,他的家庭环境比较特殊,父母经常争吵,这导致他的性格有些孤僻和冷漠。我了解到他的情况后,经常与他谈心,给他讲一些关于爱与宽容的故事。"爱是教育的灵魂，只有融入了爱的教育才是真正的教育。"我像对待自己的孩子一样关心他，在他生日的时候，组织同学们为他举办了一个小型的生日会。在这个充满爱的氛围中，小 G 的内心逐渐被温暖。他开始主动关心同学，积极参加班级活动。他的转变是我爱心教育的成果，也是我教育智慧的体现。

在学生的综合素质提升方面，我鼓励学生们参加各种社会实践活动。我组织学生开展公益性募捐活动，在这个过程中，学生们踊跃捐款，展现出了极高的热情和爱心。"教育的目的在于能让青年人毕生进行自我教育。"通过这些活动，学生们不仅增强了自己的社会责任感，还学会了如何在生活中践行爱与善良。

学生们取得的佳绩，无论是在学业上、品德上还是在社会实践中，都是我教育智慧和爱心的结晶。这些硕果如同盛开的繁花，散发着迷人的芬芳，让我在班主任的工作中感受到了无尽的幸福和满足。它们也激励着我继续在教育的道路上，用智慧去引导学生，用爱心去陪伴学生，让更多的学生茁壮成长，收获属于他们自己的精彩人生。

## 三、感恩往昔，畅享幸福

### （一）回味教育事，感恩育人途

在教育这片广袤的田野上，我已默默耕耘了许多个年头。回首往昔的教育之事，每一段经历都如同涓涓细流，汇聚成我心中感恩的海洋。

那些年，我初为班主任，怀揣着满腔的热情与憧憬，却也带着些许的懵懂与不安。我深知自己肩负的责任重大，那是一个个年轻的生命，他们的成长与未来在某种程度上与我紧密相连。就像雅斯贝尔斯说的："教育的本质意味着：一棵树摇动另一棵树，一朵云推动另一朵云，一个灵魂唤醒另一个灵魂。"我渴望成为那棵摇动学生心灵之树的大树，那朵推动他们梦想之云的云朵。

记得最初面对课堂纪律混乱的情景时，我心中满是焦虑。学生们的吵闹声仿佛是对我能力的质疑。但我没有放弃，开始尝试各种方法。从与每一个学生单独谈心，了解他们的想法，到制订有趣又有效的班级规则，我发现，当我真正用心去关注每一个孩子的需求时，他们也开始回应我。这让我明白，教育不是单向的灌输，而是双向的互动与理解。

我也忘不了那些为了学生的进步而绞尽脑汁的日子。有一个学生，他在学习上总是缺乏动力，成绩也一直不理想。我观察他很久，发现他对绘画有着浓厚的兴趣。于是，我尝试以他的兴趣为切入点，将学习与绘画相结合。比如，让他用绘画的方式总结历史事件，用色彩描绘数学公式的逻辑关系。慢慢地，他对学习的态度发生了转变。这个过程让我深刻体会到，教育需要因材施教，要发现每个孩子独特的闪光点，然后像点燃火把一样，让他们的热情燃烧起来。

在组织班级活动时，我也收获了许多感悟。比如，上海东方绿洲户外的拓展活动。活动前，我担心会出现各种意外情况，如活动期间学生的安全、活动是否能达到预期效果。然而，当活动开始后，看到学生们积极参与、互相帮助的场景，我深深感动了。他们在挑战困难的项目时，彼此加油打气；在面对失败时，互相安慰鼓励。那一刻，我意识到，班级不仅是一个学习的集体，还是一个充满爱与温暖的大家庭。而我，作为班主任，是这个家庭的守护者和引导者。

这些年来，我在教育之路上磕磕绊绊地前行，有过困惑，有过失落，但更多的是收获和成长。每一次看到孩子们那纯真的笑脸，每一次感受到他们对知识的渴望和对生活的热爱，我都由衷地感恩。感恩自己能够踏上这条育人的道路，能够有机会陪伴这些年轻的生命走过他们成长的重要阶段。我深知，我的教育生涯是一场充满爱的旅程，而每一个教育事件都是旅程中的珍贵风景,让我不断地领悟教育的真谛,不断地在感恩中前行。

(二) 细品师生情,深悟教育恩

师生情,是一条独特而又深沉的情感纽带,在我的班主任生涯中,它如同最璀璨的星光,照亮了我的心灵,也让我深深领悟到教育之恩的厚重。

每一个学生都是一颗独特的星星,他们带着各自的光芒走进我的生命。曾经有一个内向的小女孩,她总是默默地坐在教室的角落,很少主动与他人交流。我注意到她的孤独,于是开始主动靠近她。我会在课间轻轻地走到她身边,与她分享一些有趣的小故事;我会在她的作业本上写下温暖的评语,鼓励她表达自己的想法。慢慢地,她开始向我敞开心扉,会在课间主动找我聊天,分享她的小秘密。她的信任让我感到无比的温暖,也让我更加深刻地理解了师生之间那种微妙而又珍贵的情感联系。

还有那些调皮捣蛋的学生,他们虽然常常给我带来一些"小麻烦",但正是他们让我学会了要有更多的包容和耐心。有一个男孩,他总是在课堂上搞一些小恶作剧,引得同学们哄堂大笑。一开始,我很生气,但后来我发现,他其实是一个非常聪明且富有创造力的孩子。他只是用错了方式来吸引大家的注意。于是,我与他进行了一次深入的谈话,告诉他如何正确地展示自己的才华。从那以后,他开始将自己的精力投入到积极的事情上,比如参加学校的科技小发明比赛,并且取得了不错的成绩。他对我的感激和尊重让我明白,每一个孩子都值得被耐心对待,师生之间的感情是可以在理解和引导中不断升华的。

在学生们面临困难的时候,这种师生情更是体现得淋漓尽致。有一次,一个学生因家庭遭遇变故而变得消沉和自卑。我看到他的变化后,尽我所能地给予他关心和支持。我组织同学们为他写鼓励的卡片,陪他一起度过那些难熬的日子。他在给我的一封信中写道:"老师,您就像黑暗中的一盏明灯,照亮了我前行的路。如果没有您,我不知道自己该如何面对这一切。"那一刻,我泪流满面。我感受到师生情不仅仅是一种情感,还是一种支撑,一种在困难时刻给予彼此力量的源泉。

这种师生情也让我深刻地领悟到教育之恩的内涵。教育不仅是传授知识,还是传递爱与温暖。我从学生们那里得到的信任、感激和爱,是对我教育工作的最高奖赏。他们的成长和进步,是对我教育之恩的最好回报。每一次与学生的互动,每一个充满爱的瞬间,都让我明白,教育之恩是一种无私的奉献,是一种用心灵去触动心灵的伟大力量,它让我在这条育人的道路上,不断地汲取力量,不断地被滋养,不断地怀着一颗感恩的心去面对每一个新的教育挑战。

(三) 畅享成长乐,沉醉幸福间

在班主任工作的岁月里,我见证了学生们的成长,也在这个过程中感受到了自己的成长,这种成长的快乐如同美妙的乐章,让我沉醉在幸福的旋律之中。

看着学生们从懵懂无知的少年逐渐成长为有理想、有担当的青年,那是一种无法言语的喜悦。曾经有个学生,刚入学时胆小怯懦,不敢在众人面前说话。但在班级的演讲活动、小组讨论以及各种展示机会的锻炼下,他变得自信满满。他能够站在讲台上,声音洪亮、条理清晰地阐述自己的观点。他就像是一朵含苞待放的花朵,在阳光雨露的滋养下,逐渐绽放出绚丽的光彩。我从他的成长中看到了教育的力量,也感受到了自己作为班主任的成就感。这种成就感不是来自外在的荣誉,而是来自内心深处对学生成长的欣慰。

我自己也在与学生们的相处中不断成长。我的教育理念在不断地更新,我的沟通能力在不断地提高,我的耐心和包容心也在不断地增强。我从最初面对问题时的不知所措,到后来能够从容应对各种复杂的教育情境,这一切都得益于学生们给我的反馈和挑战。他们就像一面镜子,让我不断地审视自己,发现自己的不足,然后努力改进。就像泰戈尔说的:"不是槌的打击,乃是水的载歌载舞,使鹅卵石臻于完美。"学生们就是那载歌载舞的水,而我就是那颗在教育之河中不断被打磨的鹅卵石。

在这个过程中,我也收获了许多来自学生们的惊喜。他们会在教师节为我送上自己亲手制作的贺卡,上面写满了对我的祝福和感激;他们会在我生病的时候,悄悄地在我的办公桌上放上一杯热茶和一张写着关心话语的纸条。这些小小的举动,如同春风拂面,让我感到无尽的幸福。我沉醉在这种幸福之中，因为它是那么的纯粹，那么的真实。

　　我也享受着与学生们共同成长的过程。我们一起探索知识的海洋，一起面对生活中的困难，一起分享成功的喜悦。在这个过程中，我们建立了一种超越师生关系的情感连接。我们是彼此成长道路上的伙伴，互相鼓励，互相支持。这种共同成长的快乐，让我觉得自己的教育生涯充满了意义和价值。我沉醉在这种幸福间，并且希望这种幸福能够永远延续下去，在我与学生们的教育故事中不断书写新的篇章。

# 后 记

当我终于为这本关于班主任工作的专著画上最后一个句号时,心中满是感慨。这一路走来,就像一场漫长而又充满惊喜的旅程,每一个回忆的片段都是一颗璀璨的珍珠,串起了我作为班主任的幸福时光。

回首初为班主任的日子,那是一种既兴奋又紧张的感觉。我带着对教育的热爱和对孩子们的期待,踏入了那间充满希望的教室。那时的我,或许还略显青涩,但心中有着一团炽热的火焰,想要照亮每一个孩子的心灵。

在与孩子们相处的过程中,我经历了太多难以忘怀的瞬间。记得有一个孩子,他在班级里总是显得格格不入,沉默寡言,眼神中透着一种孤独和迷茫。我尝试了很多方法去接近他,了解他。我会在课余时间和他一起坐在校园的角落,静静地看着同学们嬉戏,然后慢慢地打开话匣子。一开始,他总是回答得很简短,但我从不气馁。我知道,每一颗冰封的心都需要时间去融化。终于,有一天,他主动跟我说起了他的家庭,他的梦想。那一刻,我感受到了他对我的信任,就像一朵久未开放的花朵,终于在我的耐心呵护下绽露了花蕊。这种信任,是对我最大的鼓舞,让我更加坚定了自己的信念:每一个孩子都值得被用心对待。

班级就像一个大家庭,而我就是这个家庭的大家长。在这个家庭里,有欢笑,有泪水,有矛盾,也有和解。有一次,班级里两个孩子因为一点儿小事发生了激烈的争吵,甚至动起了手。我赶到的时候,心里一阵揪痛。我没有立刻责备他们,而是把他们带到一个安静的角落,让他们先冷静下来。然后,我跟他们说起了我小时候和朋友之间的故事。他们静静地听着,眼神里的愤怒逐渐被愧疚取代。最后,他们互相道歉,紧紧地拥抱在一起。那一刻,我看到了宽容和理解在他们心中生根发芽,也看到了班级这个大家庭的凝聚力在不断增强。

在教育的道路上,我也不断地在反思和成长。我曾经为了提高孩子们的学习成绩,给他们布置了大量的作业,以为这样就能让他们在考试中取得好成绩。然而,我发现孩子们疲惫不堪,对学习的兴趣也在逐渐减退。这让我开始重新审视自己的教育方法。我想起了一位教育家说过的话:"教育不是填满一桶水,而是点燃一把火。"于是,我改变了策略,尝试用更加有趣、多样化的教学方式激发孩子们的学习兴趣。我组织小组竞赛,让学习变成一场充满乐趣的挑战;我鼓励孩子们自主探索知识,让他们在发现的过程中感受到学习的魅力。慢慢地,孩子们的脸上又重新洋溢起了对学习的热情,而我也在这个过程中明白了教育的真谛:不是强迫,而是引导;不是灌输,而是激发。

我还深刻地体会到,班主任的工作不仅仅是关注孩子们的学习,还要关心他们的身心健康和全面发展。有一个女孩,她总是很自卑,觉得自己不够漂亮。我注意到她的这种情绪后,组织了一次主题班会"独一无二的我们"。在班会上,我让每个孩子轮流站起来,然后让其他同学说出他的优点和独特之处。当轮到这个女孩时,同学们纷纷说出了她的善良、她的细心、她的绘画才能。那一刻,我看到她眼中闪烁着自信的光芒。从那以后,她变得开朗了许多,不再总是低着头。这让我意识到,班主任要成为孩子们心灵的守护者,帮助他们发现自己的价值,让他们在成长的道路上充满自信地前行。

在这个过程中,我也收获了无数的感动。每一个教师节,孩子们亲手制作的贺卡和充满爱意的祝福都让我热泪盈眶。那些略显稚嫩的字迹,那些简单却又饱含深情的话语,就像一股暖流流淌在我的心间。

我也看到了孩子们在面对困难时的坚韧和成长。有个学生,家庭经济条件不好,他曾经一度想要放弃学业。但在我的鼓励和同学们的帮助下,他克服了重重困难,不仅在学习上取得了进步,还变得更加坚强和独立。他的故事就像一首励志的歌曲,激励着班级里的每一个人。而我,作为见证者和引导者,为他骄傲。

在我的班主任生涯中,我还努力营造一种积极向上、充满爱的班级文化。

我鼓励孩子们互相帮助，共同进步。我们一起制订了班级的口号："团结友爱，共创未来。"在这种班级文化的熏陶下，孩子们学会了关心他人，学会了合作，班级里形成了一种良好的风气，就像一个温暖的港湾，让每一个孩子都能感受到归属感。

我常常想，班主任的工作就像是一场美丽的修行。在这个过程中，我们用爱去浇灌每一个孩子的心灵，用耐心去等待他们的成长，用智慧去引导他们的方向。我们在付出的同时，也在收获着满满的幸福。这种幸福不是物质的满足，而是精神的富足，是看到孩子们成长和进步时内心的喜悦，是感受到孩子们的爱和信任时心中的温暖。

如今，这本专著即将问世，它不仅仅是我对班主任工作的总结和思考，还是我与孩子们共同成长的见证。我希望通过这本书，能够让更多的人了解班主任工作的意义和价值，能够让更多的教育工作者感受到这份工作中的爱与幸福。

在未来的日子里，我依然会坚守在班主任的岗位上，继续这场充满爱的旅程。我相信，还有更多的故事等待着我去书写，还有更多的幸福等待着我去收获。因为在班主任的世界里，爱与幸福是永恒的主题，它们如同璀璨的星光，照亮着我前行的道路，也照亮着孩子们成长的天空。

我将带着这份爱与幸福，继续陪伴着一批又一批的孩子走过他们的青春岁月，看着他们从稚嫩走向成熟，从懵懂走向睿智。这是我的使命，也是我此生最幸福的追求。

卢国峰

2025 年 3 月 4 日